디모데전서 · 디도서 · 빌레몬서 강해집

아름다운 교회생활

디모데전서·디도서·빌레몬서 강해
아름다운 교회생활

2014년 2월 20일 초판 3쇄 발행

지은이 | 김서택
펴낸이 | 박영호
펴낸곳 | 도서출판 솔로몬

주소 | 서울시 동작구 사당로 155 신주빌딩 B1
전화 | 599-1482
팩스 | 592-2104
직영서점 | 596-5225

등록일 | 1990년 7월 31일
등록번호 | 제16-24호

ISBN 978-89-8255-406-3   03230

2014 ⓒ 김서택

Korean Copyright ⓒ 2014
by Solomon Publishing Co., Seoul, Korea

본서는 저작권법에 의하여 한국 내에서 보호를 받는 저작물이므로
무단 전재와 복제를 금합니다.

디모데전서 · 디도서 · 빌레몬서 강해집

아름다운 교회생활

김서택 지음

솔로몬

- 서문　06

1부 _ 디모데전서 강해

01 _ 아름다운 교회(딤전 1:1-20)　10
건강하지 못한 가르침　　　　　　　　　　　13
예수님이 맡기신 직분의 가치　　　　　　　20
위대한 축복을 지키라　　　　　　　　　　24

02 _ 아름다운 예배(딤전 2:1-15)　27
모든 사람을 축복하는 기도　　　　　　　　30
왕과 정치인을 위한 기도　　　　　　　　　34
예배의 중심　　　　　　　　　　　　　　　37
예배의 질서　　　　　　　　　　　　　　　40

03 _ 아름다운 직분(딤전 3:1-6)　47
감독의 자질　　　　　　　　　　　　　　　50
교회를 돕는 사람들　　　　　　　　　　　　58
교회 안에서는 분쟁　　　　　　　　　　　　63

04 _ 아름다운 가르침(딤전 4:1-15)　66
거짓된 유행을 피하라　　　　　　　　　　　68
육체의 연습과 경건　　　　　　　　　　　　74
진리로 자신을 연단하라　　　　　　　　　　79

05 _ 아름다운 관계(딤전 5:1-25)　83
새로운 가족 관계　　　　　　　　　　　　　86
교회의 구제　　　　　　　　　　　　　　　90
목회자에 대한 대우　　　　　　　　　　　　97

06 _ 아름다운 생활(딤전 6:1-21)　102
그리스도인들의 자기 인정　　　　　　　　104

contents

아름다운 생활은 바른 말씀에서 나온다   107
모든 욕심을 버리라   110
믿음의 선한 싸움을 싸우라   114

2부 _ 디도서 강해

01 _ 아름다운 지도자 (딛 1:1-16) 122
말씀의 직분   124
영적인 토양 바꾸기   127
그레데의 나쁜 토양   133

02 _ 아름다운 훈계 (딛 2:1-15) 138
바른 가르침의 중요성   140
늙은이도 변할 수 있다   142
젊은이를 가르쳐야 한다   146
종들도 가르쳐야 한다   149

03 _ 아름다운 사람 (딛 3:1-15) 154
그레데의 새 사람   158
변화된 새사람   162
분명한 복음의 확신   167

3부 _ 빌레몬서 강해

01 _ 아름다운 용서 (몬 1:1-25) 172
사랑하는 동역자 빌레몬   175
오네시모의 변화   180
사랑의 변화   184

서문

이 세상에 가장 은혜스럽고 축복이 넘치는 곳이 있다면 그곳은 바로 교회일 것입니다. 교회는 아주 옛날부터 하나님의 축복이 부어지는 곳이요 누구든지 변하여 새 사람이 되는 곳입니다.

그러나 실제로 많은 교인들이 교회에서 상처를 받고 영적으로 병이 들기도 하고 또 교회를 떠나서 방황하고 있는 모습을 보게 됩니다.

가장 은혜스러워야 할 교회가 사람들에게 상처를 주고 아픔을 주는 이유가 어디에 있을까요? 가장 중요한 이유는 강단에서 흘러나오는 말씀에 문제가 있기 때문입니다. 건강한 교회는 강단에서 끊임없이 말씀이 흘러나오는 교회라고 할 수 있습니다. 그러면 성도들은 그 말씀을 먹고 은혜를 받고 상처를 치료 받고 새 힘을 낼 수 있는 것입니다. 이 모든 것이 한 사람 목사에게 달려 있습니다. 즉 교회의 거의 대부분의 문제는 교회를 담임하는 목사가 얼마나 하나님의 말씀에 헌신되어 있느냐 하는 것에 거의 다 달려 있다고 보아야 하는 것입니다.

그러나 오늘 거의 많은 경우 교인들이나 목사님들이 당면한 문제들 때문에 하나님의 말씀을 무시하고 있습니다. 결국 그래서 이런 악순환은 반복이 될 수 밖에 없는 것입니다.

특히 교회가 아름다운 교회가 되려고 하면 사람을 세우는 일이 아주 중요합니다. 일단 자격이 없는 사람들을 목사나 장로나 집사로 세우면 그 교회는 다툼과 분쟁이 일어날 수 밖에 없습니다.

교회는 이리가 양으로 변하는 곳입니다. 사나운 이리를 양으로 바꿀 수 있는 것은 살아있는 싱싱한 하나님의 말씀밖에 없습니다. 만약 말씀이 고갈되거나 질적으로 수준이 떨어지면 이리가 변하지 않고 그대로 있게 되니까 결국 서로 물고 뜯을 수 밖에 없는 것입니다.

바라기는 사도 바울이 디모데나 디도나 빌레몬에게 보낸 이 서신들을 통해서 교회가 좀 더 아름다운 모습으로 회복되기를 희망합니다.

대구 수성교 옆에서
김 서 택 목사

BEAUTIFUL CHURCH LIFE

1부
디모데전서 강해

01
아름다운 교회

딤전 1:1–20

저는 어렸을 때부터 교회를 다녔는데 교회에 다니는 것이 너무나도 즐거웠습니다. 아마 제가 그 가난한 집에서 교회까지 가지 않았더라면 너무나도 저의 생활이 무의미했을 것입니다. 저는 교회에 가는 것 자체가 좋았는데 왜 그것이 그렇게 좋았을까 생각해보니까 교회 목사님들이나 선생님들의 그 선한 모습이 좋았던 것 같습니다. 그리고 어린이였지만 어른 예배를 한 번씩 드리면 엄숙하고 진지한 그 분위기가 굉장히 좋았던 것 같습니다.

저는 서울에 올라온 후에 너무나도 친구도 없고 외로웠지만 멀리서 찾은 교회가 저의 친구가 되어 주었습니다. 교회는 어떤 의미에서 저의 삶 자체였습니다. 그러나 저는 교회에서 아름다운 모습만 본 것은 아니었습니다. 저는 어렸을 때 교회가 싸워서 나누어지는 것을 눈앞에서 보았습니다. 저는 어느 날 갑자기 유년부를 교회 안과 마당에서 나누어서 드리는데 어디로 가야 할지 정말 당황스러웠습니다. 그리고 오래된 교회에서 어른들끼리 파를 나누어서 서로 미워하고 시기하는데 그 집 자녀들까지 그렇게 미워하고 싸우는 것을 보았습니다. 그리고 저는 나이 드신 목사님이 목회하시는 곳에 출석했는데, 무조건 주일을 성수해야 되고 십일조를 내어야 하고 목사님의 말씀에는 절대적으로 복종을 해야 하는 분위기에서 생활했기에 매우 답답해했습니다. 더욱이 제가 청소년과 청년기가 되면서 그야말로 마음속에는 알고 싶은 욕망과 무엇인가 좀 더 근본적으로 나를 붙들어주는 진리를 갈망하고 있었는데 전통적인 신앙은 전혀 도움이 되지 못했습니다. 오히려 너무나도 많은 죄의식만 안겨다 주었습니다. 그래서 청년기에는 기독교 신앙을 버리기까지 했습니다.

그러나 하나님은 말할 수 없는 자비로 저를 다시 부르셨습니다. 그리고 나름대로 성경을 연구하고 강해를 하면서 로마서나 에베소서 같은 바울 서신을 깊이 있게 이해를 하게 되었습니다. 로마서를 통해서 진정한 복음이 무엇인지 알게 되었고 에베소서를 통해서 교회라고 하는 것이 내가 생각하는 것보다 훨씬 영광스럽고 깊이 있는 것이라는 것을 알면서 교회를 사랑하게 되었습니다. 그리고 아무리 모순이 있고 문제가 많다고 할지라도 그럴수록 더 교회를 이해를 하고 사랑을 해야 한다는 것을 알았습니다. 저는 꼭 교회의 아름다운 모습을 되찾아야 한다고 결심을 했습니다. 저는 큰일을 잘 해내는 편은 되지 못했습니다. 그리고 교회의 아름다운 모습을 반드시 찾아야 되겠다고 생각하고 거기에 모든 것을 다 바쳤습니다. 그리고 결국 그것을 찾았습니다. 처음에는 너무나도 엄청나게 힘들었고 많은 싸움이 있었지만 교회의 이 아름답고 축복된 모습을 찾은 후에 보니까 그 복은 이루 말로 표현할 수가 없었습니다.

하나님의 백성들에게 아주 중요한 것 중 하나가 건강하고 아름다운 교회를 만나는 것입니다. 우리가 교회에서 진리로 채움 받지 못하고 우리가 교회에서 기쁨을 누리지 못한다면 우리가 아무리 바른 신앙을 가지고 있다 하더라도 우리 영혼은 병들 수밖에 없고 정신적으로 방황할 수밖에 없습니다. 그러나 아름답고 건강한 교회의 많은 부분이 목회자 한 사람에게 달려 있다는 사실을 알아야 합니다. 즉 목회자가 바른 신앙과 바른 인격을 가지고 있어야 하고 이 진리를 위하여 바른 헌신이 되어 있어야 하는 것입니다.

저는 교회라고 하는 것은 이 세상에서 하나님이 주신 가장 아름다운 곳이며 가장 행복한 곳인데 왜 그렇게 많은 사람들이 교회로부터 상처를 받고 교회에 뿌리를 내리지 못하고 방황을 해야 하는지 많은 고민을 하게 되었습니다. 가장 중요한 이유는 역시 목회자의 문제라고 생각합니다. 목회자가 진리를 바로 알아야 하고 그 진리에 헌신되어 있을 때 교회는 가장 아름답고 가장 능력 있고 가장 큰 축복이 될 수 있는 것입니다.

디모데전서는 사도 바울이 자기가 사랑하는 신앙의 아들인 디모데에게 목회를 어떻게 해야 교회가 건강하고 아름다울 수 있는지 가르쳐준 것입니다. 특히 전반부에 해당되는 앞부분은 교회의 직분을 맡은 목사나 장로나 집사가 어떤 신앙을 가져야 하는지 가르쳐주고 있습니다. 그래서 사람들은 디모데전서나 디도서를 목회서신이라고 부릅니다.

건강하지 못한 가르침.

교회가 병들고 행복하지 못한 가장 중요한 이유는 교회에서 가르치는 가르침이 성경적이지 못하고 순수하지 못하기 때문입니다. 그래서 사도 바울은 마게도냐로 가면서 에베소에 디모데를 남겨두게 되었고 또 이 편지를 쓰게 된 것입니다. 그 이유는 에베소 교회에 건강하지 못한 가르침이 파고 들어와서 유행을 하고 있었기 때문이었습니다.

"우리 구주 하나님과 우리 소망이신 그리스도 예수의 명령을 따라 그리스도 예수의 사도 된 바울은 믿음 안에서 참 아들 된 디모데에게 편지하노니 하나님 아버지와 그리스도 예수 우리 주께로부터 은혜와 긍휼과 평강이 네게 있을지어다"(1-2절)

하나님께서는 수천 년 전에 한 아람인 아브라함을 부르셨습니다. 그러면서 그에게 귀한 믿음을 주시고 하나님의 복을 주셨습니다. 이 복은 보통 복이 아니고 남을 축복하면 복이 이루어지고 저주하면 저주가 이루어지는 근원적인 복이었습니다. 아브라함과 이삭과 야곱은 바로 이 축복이 상속되는 집이었던 것입니다. 그런데 이 복은 시간이 흐르면서 마치 눈덩이가 커지듯이 어마어마하게 커지게 되었습니다. 모세를 지나고 다윗을 지나고 예수 그리스도를 지나면서 이 복은 이 세상에서 최고로 중요한 복을 다 포함하게 되었습니다. 이 복이 지금 어디에 있는가 하면 바로 예수 믿는 사람들의 교회 안에 들어와 있는 것입니다. 그래서 교회라고 하는 곳은 바로 축복의 집이며 어마어마한 복이 준비되어 있는 곳입니다. 그런데 이 복이 전부 어디에 다 들어 있는가 하면 하나님의 말씀 속에 다 들어 있는 것입니다.

그래서 교회의 목회자는 바로 이 복을 관리하는 자이며 이 어마어마한 복을 캐내어서 성도들에게 나누어주는 사람인 것입니다.

사실 사도 바울이라는 사람은 하나님으로부터 최고로 많은 복을 캐낸 사람이었습니다. 수천 년 세월동안 사도 바울이 하나님으로부터 캐낸 진리는 질적으로나 양적으로 최고였습니다. 디모데는 바로 이 사도 바울이 믿음 안에서 낳은 아들이었습니다. 그러니까 디모데는 마치 이삭이 아브라함의 복을 상속 받았듯이 바울의 복을 상속받은 자였습니다.

사도 바울은 예수님이 우리의 소망이라고 말을 했습니다. 즉 예수 그리스도 안에 우리의 모든 복이 다 들어있는 것입니다.

세상적으로 보면 디모데는 부모로부터 별로 물려받은 것이 없는 사람이었습니다. 아마도 디모데는 가난한 집의 아들이었을 것입니다. 그러나 그에게는 어마어마한 복이 상속되고 있었습니다. 그것은 바로 예수님께서 주신 하나님의 말씀이었습니다. 그런데 놀라운 것은 최근에 교회 안에서 이 복을 도둑질하려고 하는 자들이 생기게 된 것입니다. 마치 어느 집에 갑부 아들이 아버지로부터 엄청난 재산을 상속받았는데 주위에 있는 사기꾼들이 아무것도 모르는 이 아들을 속여서 재산을 가로채려고 하는 것과 같은 것입니다.

하나님이 주신 엄청난 유산은 모두 성경 안에 들어 있습니다. 우리가 성경적인 진리를 놓치면 하나님의 그 엄청난 복을 전부 다 사기를 당하고 마는 것입니다. 그럼에도 불구하고 우리 믿는 자들이나 교회가 하나님의 바른 진리에 대하여 얼마나 등한히 하고 있는지 생각하면 충격스럽지 않을 수 없습니다. 지금 교회나 믿는 자들이 가장 소홀히 하고 있는 부분이 바로 이 하나님의 진리인 것입니다. 명예나 주도권이나 규칙에 대해서는 거의 목숨을 걸고 따지는 사람들이 진리에 대해서는 아무 관심이 없는 것을 많이 볼 수 있습니다. 이것은 어떻게 보면 똑똑한 것 같지만 실제로 유산을 다 사기당하고 있는 것입니다.

사도 바울은 에베소 교인들이 이미 엄청난 부흥의 축복을 체험하고서도 건강하지 못한 교훈에 영향을 받는 것을 보았습니다. 그래서 일부러 디모데를 남겨두었고 또 다시 편지를 써서 재확인을 하고 있는 것입니다.

그 건강하지 못한 가르침 중 하나가 신화와 족보였습니다.

"내가 마게도냐로 갈 때에 너를 권하여 에베소에 머물라 한 것은 어떤 사람들을 명하여 다른 교훈을 가르치지 말며 신화와 끝없는 족보에 착념치 말게 하려 함이라 이런 것은 믿음 안에 있는 하나님의 경륜을 이룸보다 도리어 변론을 내는 것이라" (3-4절)

여기서 '신화와 족보' 라는 것이 나옵니다. 우리는 사실 이 신화와 족보가 무엇인지 모릅니다. 오히려 우리는 구약 성경에 보면 여러 곳에서 지루할 정도로 족보가 나오는 것을 보게 됩니다. 오죽하면 마태복음 처음부터 '낳고, 낳고' 하면서 예수님의 족보가 나오는데 이 족보 때문에 사람들 중에는 성경을 못 읽겠다고 말하는 사람도 있을 정도입니다. 그런데 여기 나오는 족보는 성경의 족보를 말하는 것은 아닙니다.

원래 '신화와 족보' 라고 하는 것은 그리스 신화에서 나오는 것입니다. 그리스 신화에는 옛날 신들이나 영웅들의 많은 이야기들이 나오고 또 영웅들은 모두 신들의 자식들이기 때문에 아주 복잡한 족보가 나옵니다. 그리스 신화를 읽으면 생소한 이름이 너무 많이 나오는데 기억하기도 어렵고 특히 복잡한 족보를 이해하기가 매우 어렵습니다. 그리고 분명히 말할 수 있는 것 하나는 그리스 신화를 자꾸 읽으면 놀라울 정도로 신앙이 없어진다는 사실입니다.

왜냐하면 그 신화에 나오는 사람들이 신을 대하는 태도가 그렇게 진지할 수가 없기 때문입니다. 특히 신전에서 사제가 하는 예언을 '신탁'이라고 하는데 사람들은 이들의 말을 완전히 절대적으로 믿고 있습니다. 우리가 성경을 믿는 것과 비교가 되지 않을 정도로 믿는 것을 볼 수 있습니다. 즉 이들은 델포이나 다른 신전에 있는 사제들이 한 말은 반드시 이루어진다고 믿고 그것 때문에 살아있는 사람들까지 죽여서 제물로 바치는 일들이 비일비재했던 것입니다.

오늘 본문에 나오는 '신화나 족보'가 그리스인들의 신화와 족보를 말하는지는 알 수 없습니다. 그럼에도 불구하고 어떤 이방 신전의 신탁의 말씀을 굉장히 중요하게 받아들이는 경향은 있었던 것 같습니다. 그리고 그런 가르침의 권위를 족보를 가지고 따져서 그리스의 영웅들의 후손이라면 훨씬 더 권위 있게 받아들였던 것 같습니다. 그러니까 결국 신화라고 하는 것은 말도 되지도 않는 점쟁이들이 하는 수작들입니다. 그리고 이들이 따지는 권위라고 하는 것도 사실은 전부 비성경적인 것이었습니다. 그러나 그 당시 세상의 풍조는 이런 것을 굉장히 중요하게 생각하고 받아들이고 있었던 것입니다.

어떻게 보면 인간의 생각들은 다 비슷한 것 같습니다. 지금도 지나치게 성경적인 것은 독선적이라고 해서 사람들은 인정해주지 않습니다. 사람들은 누구나 다 학문적인 것을 좋아하는데 사도 바울 당시의 학문은 그리스의 신화였고 족보였고 신전의 신탁이었던 것입니다.

사람이 무식하고 가난할 때에는 독선적일 수 있지만 지식이 있고 돈이 많게 되면 어떤 극단적인 쪽으로 치우치는 것을 굉장히 싫어하게 됩니다. 솔로몬 같은 경우에도 처음 아무 것도 가진 것이 없이 왕이 되었을 때에는 일천 번제까지 드리면서 하나님의 지혜를 구했지만 유명해지고 세계적인 인정을 받고 난 후에는 많은 우상들을 받아들여서 보편적이 되려고 했습니다.

그러나 교회가 건강하고 행복하며 능력 있는 축복의 공동체가 되려면 언제나 하나님의 말씀에 전혀 오염되어 있지 않는 순수한 것이어야 합니다. 그래서 진정으로 하나님의 축복을 지키려면 말씀에 있어서 독선적이라는 소리를 들어야 하는 것입니다.

그리고 두 번째는 잘못된 율법의 교훈이었습니다.

"경계의 목적은 청결한 마음과 선한 양심과 거짓이 없는 믿음으로 나는 사랑이거늘 사람들이 이에서 벗어나 헛된 말에 빠져 율법의 선생이 되려 하나 자기의 말하는 것이나 자기의 확증하는 것도 깨닫지 못하는도다. 그러나 사람이 율법을 법 있게 쓰면 율법은 선한 것인 줄 우리는 아노라"(5-8절)

우리는 율법과 복음의 관계는 벼와 그 속에 있는 씨로 생각하면 좋겠습니다. 즉 율법도 복음이고 하나님의 말씀인데 껍질 안에 들어 있는 것입니다. 율법에는 '하지 말라, 하지 말라'고 되어 있지만 이것은 모두 다 바로 믿으라는 것입니다. 우상을 섬기지 말라는 것은 하나님을 잘 믿으라는 뜻입니다. 간음하지 말하는 것은 아내를 사랑하고 성적인 순결을 지키라는 뜻입니다. 도적질 하지 말라는 것은 열심히 일해서 아름다운 생활을 하라는 뜻입니다.

그런데 율법을 잘못 이해하는 사람들은 이것을 자신의 공로로 받아들이려고 하는 것입니다. 즉 기도는 몇 시간을 했고 금식을 몇 번을 했고 십일조를 얼마나 했기 때문에 나는 더 믿음이 좋다는 식으로 자부심을 가지는 것입니다. 그리고 또 한 가지 이런 사람들의 특징은 남들을 자기처럼 만들지 않으면 직성이 풀리지 않는 것입니다. 그래서 진정한 복음을 믿는 자들을 오히려 신앙이 없다고 엄청나게 핍박을 하고 정죄를 하는 것입니다.

사도 바울은 그런 율법은 진정으로 거듭나지 않은 자들에게 더 적용되어져야 할 것이라고 말씀하고 있습니다.

"알 것은 이것이니 법은 옳은 사람을 위하여 세운 것이 아니요, 오직 불법한 자와 복종치 아니하는 자며 경건치 아니한 자와 죄인이며 거룩하지 아니한 자와 망령된 자며 아비를 치는 자와 어미를 치는 자며 살인하는 자며 음행하는 자며 남색하는 자며 사람을 탈취하는 자며 거짓말 하는 자며 거짓 맹세하는 자와 기타 바른 교훈을 거스리는 자를 위함이니" (9-10절)

그러면 우리 그리스도인들은 전혀 성적인 유혹이나 폭력이나 거짓의 유혹을 받지 않는다는 뜻일까요? 결코 그런 뜻은 아닙니다. 이것은 율법의 용도가 다른 것입니다. 아직 믿지 않는 자는 그들을 정죄하고 심판하는 기준으로 율법이 있는 것입니다. 그래서 바로 심판이 언도되어버립니다. 그러나 믿는 자들에게는 이런 죄의 추악함을 깨닫게 해서 죄를 예방하는 기능을 하는 것입니다.

그래서 우리에게 주어진 것은 이런 것과는 차원이 완전히 다른 것입니다.

"이 교훈은 내게 맡기신바 복되신 하나님의 영광의 복음을 좇음이니라"(11절)

복음은 이런 신화나 자기 구원의 노력이 아니라 하나님의 영광이고 축복이고 능력인 것입니다.

예수님이 맡기신 직분의 가치.

목회자의 직분은 분명히 세상적인 직책이 아닙니다. 그래서 세상의 다른 직업과 비교할 수가 없습니다. 세상에서는 의사나 교수나 변호사는 하는 것이 분명히 있습니다. 그러나 목회자는 이런 직업과 비교할 수가 없습니다. 그래서 때때로 목회자는 자기가 세상에서 무엇을 하는 사람인지 정체성의 혼동을 겪을 수 있습니다. 그리고 또 하나는 목회자가 다루는 하나님의 말씀은 지극히 거룩한 것입니다. 거기에는 다른 어떤 추잡한 욕심이나 탐욕이 들어올 수가 없습니다. 그런데 과연 인간 중 누가 정말 흠 없이 티 없이 순결해서 하나님의 말씀을 완전히 감당할 수 있을까요? 그것은 불가능한 일입니다.

우리가 가만히 생각을 해 보면 예배를 드리는 것 자체도 기적입니다. 우리는 죄인으로서 지극히 거룩한 하나님께 예배를 드립니다. 이것 자체가 엄청난 기적이지요. 그리고 더 놀라운 것은 죄인인 목사가 지극히 거룩한 하나님의 말씀을 가지고 설교를 하는 것입니다. 이것도 기적입니다. 그러나 목회자는 이것을 항상 기억을 해야 합니다. 즉 나는 죄인으로서 하나님의 말씀을 감당할 자격이 없는데 하나님의 말할 수 없는 자비로 이 사명을 감당한다는 사실을 한 시도 잊어서는 안 되는 것입니다.

사도 바울은 이 점에 있어서 가장 솔직한 사람이었습니다. 사도 바울은 자기가 어떻게 해서 하나님의 말씀의 종으로 사용되고 있는지 대략 다음 몇 가지로 말씀하고 있습니다.

첫째는 자기는 전혀 충성되지 못한데 주님이 자기를 충성되게 여겨주셨습니다.

"나를 능하게 하신 그리스도 예수 우리 주께 내가 감사함은 나를 충성되이 여겨 내게 직분을 맡기심이니"(12절)

주님이 우리에게 하나님의 말씀을 맡기셨다고 하는 것은 천국의 인감증명을 다 맡긴 것과 같습니다. 주님은 천국의 가장 중요한 것은 전혀 의심하지 않고 바울에게 맡겨주셨습니다. 이것은 원수에게 비밀 금고 열쇠를 맡긴 것과 같습니다. 그래서 사도 바울은 주님의 은혜에 감격할 수밖에 없는 것입니다. 사도 바울이 인간이라면 그리고 약간이라도 양심이 있다면 이 은혜를 죽어도 배반하지 못하는 것입니다.

바울은 자신에 대하여 이렇게 고백하고 있습니다.

"내가 전에는 훼방자요 핍박자요 포행자이었으나 도리어 긍휼을 입은 것은 내가 믿지 아니할 때에 알지 못하고 행하였음이라"(13절)

사도 바울은 사도가 될 자격이 전혀 없다고 말을 했습니다. 자기는 악질중의 악질이요 복음의 원수였는데 오직 주님이 자기를 믿고 맡겨주신 것입니다. 15절에는 사도 바울이 자기는 죄인중의 괴수라고 말을 했습니다.

이런 자기를 믿으시고 이 어마어마한 복음을 맡겼는데 어떻게 딴 짓을 할 수 있겠으며 다른 욕심을 부릴 수 있겠습니까? 그것은 불가능한 것입니다. 누구든지 이런 심정으로 목회를 해야 교회가 아름다울 수 있습니다.

자기야말로 자격이 있고 너무너무 훌륭하다고 생각하는 사람은 이 복음을 전할 자격이 없는 사람입니다. 우리는 어느 누구도 말씀을 제대로 감당할 자격이 없습니다. 오직 하나님의 은혜로 감당할 뿐입니다.

두 번째는 예수님께서 앞으로 오고 오는 세대에 누구든지 말씀을 믿고 순종하는 자는 사도 바울같이 쓰시겠다는 표시로 바울을 쓰신 것입니다.

"그러나 내가 긍휼을 입은 까닭은 예수 그리스도께서 내게 먼저 일절 오래 참으심을 보이사 후에 주를 믿어 영생 얻는 자들에게 본이 되게 하려 하심이니라"(16절)

예수님은 우리 한 사람 한 사람에 대하여 무한히 참으십니다. 예수님은 사도 바울이 그렇게 엉뚱한 짓을 하고 못된 짓을 할 때에도 끝까지 참고 계시다가 그를 바로 잡으셔서 위대한 사도로 만드셨습니다. 그렇다면 누구든지 진정으로 예수님을 믿고 순종하는 사람은 누구든지 사도 바울같이 위대한 주의 종이 될 수 있는 것입니다. 사도 바울은 자기만 위대하게 사용되어야 한다고 생각하지 않았습니다. 오직 자기 자신은 하나의 모델에 불과하다고 생각했습니다. 그러니까 누구든지 주님께 붙들려서 사용되는 것을 주저할 필요가 없는 것입니다.

위대한 축복을 지키라.

우리에게는 위대한 하나님의 축복이 상속되어 있습니다. 우리는 이 어마어마한 축복권을 빼앗기거나 사기를 당해서는 안 됩니다.

서울대 도서관에는 규장각이라는 데가 있습니다. 그것은 과거로부터 내려오는 많은 국보급의 고서적들이 보관되어 있습니다. 그런데 외국에서 그것을 가져가려고 한다고 해서 줄 수가 있겠습니까? 그것은 불가능한 일이지요. 무슨 일이 있어도 그런 보물을 지켜야 하고 한 걸음을 더 나아가서 연구를 해야 하는 것입니다.

사도 바울은 디모데에게 얌전하게 상대하지 말고 싸우라고 지시를 합니다.

> "아들 디모데야 내가 네게 이 경계로써 명하노니 전에 너를 지도한 예언을 따라 그것으로 선한 싸움을 싸우며"(18절)

우리는 사도 바울이 다른 사람에게 '싸우라' 지시하는 것은 참 이해하기 어렵습니다. 그러나 그는 분명히 싸우라고 지시를 하고 있습니다. 그것은 우리의 축복을 지키기 위한 싸움이고 우리의 보물을 지키기 위한 싸움인 것입니다. 우리는 하나님의 말씀을 지키고 전하는데 있어서 전투적인 자세를 취해야 합니다.

오늘 우리 공군은 이십사 시간 우리나라 영공을 레이더로 지켜보면서 조금이라도 이상한 조짐이 보이면 바로 그 즉시 폭격기를 출격기켜 우리 영토를 방어하고 있습니다. 이와같이 우리도 하나님의 말씀을 원수가 탈취하지 못하도록 지켜야 합니다.

또한 우리가 지켜야 할 또 다른 보물이 있다면 무엇일까요? 그것은 '착한 양심' 입니다.

> "믿음과 착한 양심을 가지라. 어떤 이들이 이 양심을 버렸고 그 믿음에 관하여는 파선하였느니라. 그 가운데 후메내오와 알렉산더가 있으니 내가 사단에게 내어준 것은 저희로 징계를 받아 훼방하지 말게 하려 함이니라"(19-20절)

하나님 앞에서 가장 보배로운 것은 순결한 믿음과 깨끗한 양심입니다. 오늘 사람들은 깨끗한 양심이 얼마나 어마어마하게 비싼 줄 모르고 양심을 쉽게 팔아 먹습니다. 그러나 사람의 양심의 가치는 이 세상 어떤 것과도 비교할 수 없습니다.

> "경계의 목적은 청결한 마음과 선한 양심과 거짓이 없는 믿음으로 나는 사랑이거늘"(5절)

우리가 하나님의 말씀을 들으면 양심이 살아납니다. 이 양심을 가지고 기도하고 이 양심으로 다른 사람들을 사랑하는 것입니다.

믿음에 파선한 사람들은 말씀을 버린 사람들입니다. 후메내오와 알렉산더는 믿음을 버렸습니다. 바울은 이들을 사탄에게 내어주었다고 말을 하고 있습니다. 정식으로 하나님의 백성에서 잘라 내어버린 것입니다.

  하나님의 말씀과 양심을 지킬 때 교회는 가장 영광스러울 수 있습니다.

02
아름다운 예배

딤전 2:1–15

이 세상에 있는 예식 중에서 가장 순결하고 아름다운 예식은 그리스도인들이 드리는 예배일 것입니다. 그러나 예수를 믿지 않는 사람들은 그리스도인들이 드리는 예배가 무엇인지 이해하지 못할 것입니다.

목회를 하다보면 부인이 너무 열심히 교회를 다니니까 남편이 도대체 교회가 무엇을 하는 곳인지 알아보기 위해서 따라오는 때가 있습니다. 자기 부인이 낮이건 밤이건 너무 열심히 교회를 다니니까 혹시 광신적인 집단에 빠진 것이 아닌가 해서 따라나와보는 것입니다. 그래서 예배를 참석해보면 예배가 너무 건전하고 이성적이고 도덕적이니까 안심을 하게 됩니다. 그리고는 그 뒤에는 남편이 교회를 나오지 않는 것을 보게 됩니다. 그것은 그 분이 예수를 믿으려고 나온 것이 아니라 교회가 어떤 곳인지 알아보려고 나왔던 것입니다.

영화 쿼바디스를 보면 예수를 믿지 않는 한 로마 장교가 로마에 인질로 잡혀 온 한 아가씨를 사랑하게 되는데 그 아가씨가 크리스천이었습니다. 그래서 하루는 로마 군인이 변장을 하고 몰래 이 아가씨를 뒤따라서 예수 믿는 사람들이 모이는 집회에 가게 됩니다. 예수 믿는 사람들은 카타콤이라고 하는 지하 집회소 같은데서 모이는데 다른 것은 별로 없고 찬송을 부르고 하나님의 말씀을 듣고 기도하는 것이 전부였습니다. 영화에 보면 로마에 온 베드로가 거기서 설교를 하는데 거의 예수님이 산상설교에서 가르친 말씀을 반복해서 가르치는 것을 볼 수 있습니다. 그런데 베드로가 전하는 그 예수님의 말씀 한 말씀 한 말씀이 사람들의 가슴에 얼마나 깊은 감명을 주는지 모릅니다.

로마 시대에는 기독교가 공인을 받은 종교가 아니었습니다. 그리고 네로의 크리스천 핍박 이후로 예수 믿는 사람들은 다른 사람들 몰래 모여서 예배를 드릴 때가 많았습니다. 그때 사람들은 도대체 예수 믿는 사람들이 모여서 무슨 짓을 하며 도대체 뭐가 있기에 그렇게 결사적으로 모이는지 이해를 하지 못했습니다. 그런데 실제로 가보면 아무 것도 없고 오직 찬송 부르고 말씀을 듣고 기도하는 것 밖에 없습니다. 그런데도 기독교인들은 그 모임을 그렇게 좋아하고 낮이나 밤이나 새벽이나 시간만 나면 모여서 예배를 드리는 것입니다.

초대 교회 때 기독교인들이 무엇을 했는지는 기독교를 박해한 트라얀 황제 때 플리니라는 총독이 황제에게 보고한 보고서가 남아 있습니다. 그 보고서에 의하면 그리스도인들은 정해진 날에 동트기 전에 모여서 그리스도를 찬송하는 노래를 부르고 노래가 끝난 후에는 여러 가지 세상적인 죄를 짓지 않겠다고 맹세를 하고는 집에 돌아가서 정상적인 생활을 한다는 것입니다. 그러면서 이런 사람들도 단지 예수 믿는다는 이유 하나만으로 처벌을 해야 하느냐고 묻고 있습니다. 그런데 플리니는 너무 많은 사람들이 지금 예수를 믿고 있다고 보고를 하고 있습니다. 그것에 대해서 트라얀 황제는 일부러 기독교인들을 색출해서 잡아낼 필요는 없지만 자기가 기독교인들이라 주장하는 자들은 처벌하라고 지시를 하고 있습니다.

사람들은 예수 믿는 사람들이 모여서 무엇을 하는지 잘 몰랐습니다. 그런데 예수 믿는 사람들의 예배는 아주 차분하면서도 감동이 있고 눈물이 있고 축복이 있는 것이 특징이었습니다. 그 이유는 살아계신 하나님이 임재하시는 예배였기 때문입니다.

사도 바울은 오늘 본문을 통해서 기독교 예배의 특징에 대하여 아주 개괄적으로 설명을 하고 있습니다. 그 이유는 두 가지로 생각할 수 있는데 하나는 믿지 않는 자들에게 기독교에 대하여 오해하지 않도록 하는 의미가 있습니다. 즉 기독교 예배는 타종교가 몰래 하는 것처럼 광신적이거나 비윤리적이고 비도덕적인 집회가 아니라 아주 깨끗하고 건전한 집회라는 것입니다. 그리고 또 하나는 교회에 대해서도 하나의 기준을 제시하는 의미가 있습니다. 즉 자기 나름대로 이방 종교를 흉내 내어서 광신적이거나 혐오스러운 방식으로 예배를 드리지 말고 이러이러한 기준으로 예배를 드리는 것이 좋다는 것입니다.

모든 사람을 축복하는 기도.

사람들이 처음 예배에 초청되어 왔을 때 받는 느낌은 과연 내가 와야 할 곳에 왔는지 아니면 나는 도대체 와서는 안 되는 곳에 왔는지 하는 의문입니다. 처음 교회에 나온 사람은 기도 할 줄도 모르고 노래도 아는 것이 없습니다. 더욱이 누군가가 앞에서 열심히 설교를 하는데 그 말이 무슨 말인지 도대체 알아들을 수가 없을 것입니다. 그런데 교회에 처음 왔지만 이상하게 기분이 좋아지고 영혼이 맑아지는 것을 느낄 수가 있습니다. 그 이유는 그를 그곳에 초청하신 분이 하나님이시기 때문입니다.

그래서 사도 바울은 예배 중에 모든 사람의 영혼을 위해서 기도를 하라고 말씀하고 있습니다.

"그러므로 내가 첫째로 권하노니 모든 사람을 위하여 간구와 기도와 도고와 감사를 하되" (1절)

기독교는 모든 사람을 위한 종교인 것입니다. 즉 교회는 모든 사람을 위해서 기도해주고 하나님으로부터 오는 복을 나누어주는 곳입니다.

그래서 구약 시대 성전을 보면 입구가 가장 화려한 여러 가지 색실로 수를 놓은 아름다운 휘장으로 되어 있었던 것입니다. 이것은 하나님께서 모든 죄인들을 초청하는 초청인 것입니다. 그래서 누구든지 교회에 온 것은 잘한 것입니다. 왜냐하면 하나님께서는 모든 사람들이 멸망하지 않고 구원받기를 원하시기 때문입니다.

우리는 이미 교회는 엄청난 하나님의 복이 상속되는 곳이라는 것을 알고 있습니다. 하나님께서는 아브라함에게 이 복을 주셨는데 이 복이 모세와 다윗과 선지자들과 우리 예수님을 거치면서 어마어마한 복으로 눈덩이처럼 커지게 되었습니다. 우리는 이 복을 퍼내어서 모든 사람들에게 나누어주어야 합니다. 가장 중요한 복은 하나님의 말씀을 길어내는 것입니다. 그리고 내가 아는 모든 사람들을 위해서 기도해주는 것입니다. 그러면 하나님께서 그 기도를 들어주셔서 꼭 복을 주십니다. 만일 그 사람이 도저히 복을 받을 사람이 되지 못하면 그 복은 기도한 우리들에게 돌아오게 되는 것입니다.

그러니까 교회는 다른 사람을 위해서 기도를 해 주면 줄수록 좋은 것입니다. 하나님께서 들어주시든지 안 들어주시든지 하나님께서 판단하실 것이고 우리는 할 수 있는 한 내가 아는 모든 사람들, 악한 자나 친한 자나 심지어는 원수들까지 기도를 해 주면 좋습니다.

　병든 자에 대해서도 마찬가지입니다. 우리는 내가 병을 기도로 고쳐주어야 한다고 생각하면 병든 자를 위하여 기도하는 것이 부담스럽겠지만 하나님이 고쳐주시기 때문에 우리는 얼마든지 병자들을 위해서 기도를 해주어야 하는 것입니다.

　그래서 우리는 예배를 드리면서 우선 예배에 참석한 사람들이 은혜 받을 수 있도록 기도를 해주어야 합니다. 그러면 낙심했던 사람 마음속에 감동이 임하면서 '오늘 내가 정말 예배에 오기를 잘했구나.' 하는 생각이 들면서 바로 하나님의 은혜를 받게 되는 것입니다.

　그래서 우리는 예배를 드리면서 분한 마음이나 남을 미워하는 마음으로 예배를 시작해서는 안 됩니다. 예수님께서도 성전에 예물을 바치다가 형제에게 원망들을 것이 생각나거든 예물을 두고 먼저 화해를 한 후에 예물을 드리라고 말씀하셨습니다. 왜냐하면 우리의 예배는 모든 사람들에게 복을 주는 예배이기 때문입니다.

　그런데 여기에 보면 기도에 대하여 여러 가지로 표현을 하고 있는 것을 볼 수 있습니다. '간구와 기도와 도고와 감사'를 하되 라고 말씀하고 있습니다.

　이것은 기도의 종류가 이렇게 다양하다기 보다는 기도 안에 포함되는 내용을 말하는 것입니다. 즉 기도 안에는 '감사'가 들어 있습니다. 우리는 언제나 하나님께 감사한 것 밖에 없습니다. 그리고 다른 성도들에게도 언제나 감사해야합니다. 왜냐하면 그 분들이 계시기 때문에 우리가 이런 풍성한 예배의 복을 누릴 수 있기 때문입니다. 그리고 '도고'라고 하는 것은 다른 사람을 위해서 대신 기도해주는 것입니다. 우리는 특히 남을 위해서 기도해주는 것이 내 자신을 위한 기도보다 더 많이 빨리 응답된다는 것을 알아야 합니다. 그래서 우리가 배워야 할 것 중에 하나가 다른 사람을 위해서 더 많이 기도해주는 것을 배워야 합니다. 왜냐하면 우리가 가진 복은 남을 위해서 기도할 때 더 잘 이루어지기 때문입니다. 그리고 남들이 복을 받으면 우리에게도 부스러기가 돌아오게 되는 것입니다.

그리고 우리의 '기도'가 있습니다. 우리는 기도에 대하여 어렵게 생각할 때가 많습니다. 그러나 기도에 대하여 전혀 어려워 할 필요가 없습니다. 우리가 부부 사이를 생각하면 부부 사이에는 모든 중요하지 않은 것도 모두 다 말할 수 있습니다. 부부 사이라고 하는 것은 시시한 것을 진지하게 말하는 사이이기 때문입니다. 그런데 오히려 부부는 그런 시시한 이야기로 더 가까움을 느끼고 더 친밀함을 느끼게 됩니다. 그러니까 우리는 하나님께 모든 것을 다 말씀드리면 되는 것입니다. 우리의 기도는 내가 생각하고 관심가지고 있는 모든 것을 다 이야기하면 되는 것입니다. 기도에 대하여 어려워 할 필요가 없습니다. 그냥 격식 없이 하면 되는 것입니다.

그런데 예배 중에 공적으로 기도를 해야 할 경우가 있습니다. 그럴 때에는 사적인 기도와는 분명히 구별되게 해야합니다. 왜냐하면 우리는 아무리 부부 사이라 하더라도 남이 있을 때에는 어느 정도

격식을 갖추어야 하기 때문입니다. 본문에 '간구'라고 하는 것은 공식적인 기도를 말하는 것 같습니다. 공적인 기도는 아무래도 많은 성도들의 필요를 대표해서 기도하는 것이며 죄인의 대표로서 하나님께 간구하는 것이기 때문에 어느 정도 기도를 생각해서 해야 하고 또 가능한 한 너무 장황하게 하지 않는 것이 좋을 것입니다.

예를 들어서 여러 사람이 왕 앞에 가서 무슨 청을 드려야 할 때 장황하게 이야기를 하면 오히려 좋지 않을 것입니다. 한 사람이 말을 준비해서 아주 간단명료하게 간청하면 왕이 들을 것입니다. 그래서 예배 중에 대표기도를 한다는 것은 엄청난 것입니다. 왜냐하면 우리 모두를 대표해서 왕 중의 왕이신 하나님께 대표로 간청을 드리는 것이기 때문입니다. 그래서 가장 중요하고 핵심적인 것을 간청해야 합니다.

왕과 정치인을 위한 기도.

"임금들과 높은 지위에 있는 모든 사람을 위하여 하라 이는 우리가 모든 경건과 단정한 중에 고요하고 평안한 생활을 하려 함이니라"(2절)

사도 바울은 로마서에서도 교인들에게 위에 있는 권세에 복종을 하라고 했는데 본문에서는 예배 중에서 왕이나 높은 사람들을 위해서 기도를 하라고 말씀하고 있습니다. 우리는 어떻게 생각하면 예배가 이 세상 현실에서 도피하는 곳으로 생각하기 쉽습니다. 세상에서 학대받고 설움 받은 것을 하나님 앞에 다 쏟아버리고 특히 세상에서 높은 자들에 대한 원망과 불평을 하나님 앞에 쏟아놓는 곳으로 생각하기 쉽습니다. 그러나 사도 바울은 우리의 예배가 결코 세상의 왕이나 정치인들을 비난하고 저주하는 곳이 되어서는 안 된다고 말씀하고 있습니다.

로마 시대에 보면 극장에서 광대들이 연기를 하는데 그 연기가 대개 정치인들을 비꼬고 좋지 않은 식으로 풍자를 하는 내용이었습니다. 그러면 사람들은 그런데서 대리 만족을 얻기도 했습니다. 마치 옛날 우리나라에서도 탈춤을 하면서 양반들이 하는 짓을 비꼬고 욕할 때 서민들의 스트레스가 풀리는 것과 비슷한 원리인 것입니다.

그러나 우리 기독교에는 그렇게 해서는 안 됩니다. 왜냐하면 세상에 권세를 허락하신 분이 분명히 하나님이시기 때문입니다. 하나님께서는 그들을 우리 위에 머리로 주셨고 우리에게 복종할 것을 요구하셨기 때문입니다.

즉 우리 예수 믿는 사람들은 자칫 잘못하면 너무나도 비현실적인 사람들이 되기 쉽습니다. 말씀으로는 천사들도 알지 못하는 어마어마한 하나님의 비밀과 축복을 듣는데 이 세상에서는 인정을 받지 못하기 때문입니다. 그러면 자꾸 세상에 대하여 비관적이 되고 비판적이 되어서 세상에서 죽도 밥도 아닌 현실 부적응아가 되기 쉽습니다. 그러나 하나님께서는 우리 믿는 자들이 이 세상에서 훈련을 받음으로 우리의 믿음이 정말 아름다운 믿음이 되게 하셨습니다. 그래서 세상에 있는 권세에 복종할수록 우리의 신앙은 더 아름다운 신앙이 되게 됩니다.

그리고 또 중요한 것은 마귀는 이 세상의 권력자들이나 정치인들을 그냥 두지 않습니다. 할 수 있으면 자기 수하에 두어서 교만하게 하고 독재를 하게 하려고 합니다. 그러면 결국 정치인들이 사탄에게 속아서 독재 미치광이가 되는데 그러면 가장 먼저 피해를 보는 사람이 바로 예수 믿는 사람들인 것입니다. 왜냐하면 예수 믿는 사람들은 아첨을 못하기 때문입니다. 그래서 왕과 정치인들이 사탄에게 속지 말고 주위의 아첨꾼들에게 속지 말고 정상적인 선정만 해도 굉장히 정치는 잘 하는 것이 됩니다. 특히 왕이나 정치인들이 크리스천들이 자기를 위해서 그렇게 많이 기도해주는 것을 알게 되면 훨씬 선한 정치를 하게 될 것입니다.

그러나 우리가 우려하는 것은 이렇게 되면 결국 기독교가 너무 현실 정치에 아첨하고 아부하는 것이 되지 않는가 하는 것입니다. 그래서 종교는 정치와 거리를 두어야 합니다. 너무 종교인이 정치인과 밀착되는 것은 결코 서로를 위해서 좋은 것이 아닐 것입니다.

우리는 주님이 말씀하신 것처럼 '가이사의 것은 가이사에게, 그리고 하나님의 것은 하나님에게' 입니다. 우리 믿는 자들은 두 나라에 속한 사람들이기 때문에 두 나라에 모두 충성을 해야 합니다. 그러나 가이사가 하나님을 배반하고 적대시 할 때에는 가이사의 말을 거부해야 하는 것입니다.

　우리는 혹은 대통령이 정치를 잘 하지 못해도 더 악화되지 않도록 기도를 해야 합니다. 아마 최근 몇 년 우리나라의 정치적인 상황에서 우리가 하나님을 믿지 않았더라면 불안해서 미쳤을 것입니다. 그러나 우리가 지속적으로 기도를 하니까 많은 위기를 넘길 수 있게 되었고 미래의 희망도 보이게 되었습니다. 이것은 굉장히 잘한 것입니다.

"이것이 우리 구주 하나님 앞에 선하고 받으실만한 것이니" (3절)

　사도 바울은 우리가 현실 정치나 다른 사람들을 위해서 기도하는 것은 아주 선한 것이라고 말씀하셨습니다. 따라서 우리는 그들을 위해 지속적으로 기도해야 합니다.

예배의 중심.

이 당시 사람들에게 있어서 기독교의 놀라운 점은 오직 한 분의 하나님을 믿으면서도 배타적이지 않다는 것이었습니다.

"하나님은 모든 사람이 구원을 받으며 진리를 아는데 이르기를 원하시느니라. 하나님은 한 분이시요 또 하나님과 사람 사이에 중보

도 한 분이시니 곧 사람이신 그리스도 예수라"(4-5절)

이 당시 로마나 그리스 사람들의 종교는 다신교였습니다. 이들에게는 수많은 신들이 있었는데 이렇게 신이 많은 것은 신들이 많아야 인간들을 지켜주고 복을 줄 수 있다는 생각이었습니다. 그래서 로마인들의 사고방식으로는 신들이 인간을 지켜주어야지 신들이 인간들에게 명령해서는 안된다고 생각했습니다. 로마인들에게 왜 인간이 신을 믿느냐고 물어보면 우리 인간의 행복을 위해서라고 대답을 할 것입니다.

그러나 기독교의 신은 다신이 아니고 오직 한 분이신 하나님이십니다.

여기서 하나님이 유일한 하나님이시라는 것은 우리 인간들에게 아주 복잡한 문제를 던지게 됩니다. 그것은 우리 하나님은 살아계신 인격체이신 분이시기에 단순히 인간을 지켜주기만 하는 것이 아니라 어떤 행위를 할 것을 요구하신다는 것입니다.

로마인들의 종교는 계율이라는 것이 없습니다. 그냥 때가 되면 짐승을 잡아서 정성을 다 하여 바치면 그것으로 끝나는 것입니다. 그러나 말씀하시는 하나님은 우리에게 계명을 주시고 지키도록 요구하십니다. 따라서 우리에게는 하나님의 말씀에 복종하는 것이 제사보다 더 중요한 것입니다.

그래서 기독교는 중심이 인간의 종교성에 있지 않고 하나님의 말씀이 중심에 있게 되는 것입니다. 그러면서도 기독교가 유대교와 다른 점은 모든 사람들을 구원의 대상으로 초청하고 있는 것입니다. 기독교의 놀라운 점은 누구든지 구원받기 위해서 유대인이 될 것을 요구하지 않는다는 사실입니다. 누구든지 하나님의 진리를 듣고 믿기만 하면 하나님의 자녀가 되는 것입니다.

이것이 어떤 의미에서 로마인들의 마음을 사로잡게 되었습니다. 그래서 로마에 실제로 엄청나게 많은 사람들이 예수를 믿게 된 것입니다.

여기서 사도 바울은 기독교의 특징을 분명히 제시하고 있습니다. 그것은 일차적으로 예수는 사람이었다는 것입니다. 이것은 어떤 철학자들이 생각하는 것과 같은 제일 원리가 아닌 것입니다. 기독교는 절대로 공상적인 철학이 아닙니다. 사람이 되신 하나님을 믿는 것입니다. 그리고 그리스도는 자신을 속전으로 주셔서 우리를 죄에서 해방시키셨습니다. 그 결과 예수 믿는 자들은 모두 하나님의 사람들이 되었습니다. 우리에게는 하나님의 소유된 표시가 있습니다. 우리는 이 세상에 살지만 하나님께 속한 사람인 것입니다.

"하나님은 모든 사람이 구원을 받으며 진리를 아는데 이르기를 원하시느니라. 하나님은 한 분이시요 또 하나님과 사람 사이에 중보도 한 분이시니 곧 사람이신 그리스도 예수라" (7절)

사도 바울은 우리가 예배를 자기 마음대로 드려서는 안 되고 바른 말씀 위에서 드려야 할 것을 분명히 지시하고 있습니다. 예배의 중심은 하나님과 그리스도가 되어야 하고 말씀이 중심이 되어야 하는 것입니다.

예배의 질서.

한때 고린도 교회에서는 방언하는 자들이나 예언하는 자들이 많아서 예배질서가 무질서해졌던 때가 있었습니다. 그래서 사도 바울은 방언보다는 예언을 더 우선할 것과 예언할 때에도 여러 사람이 한꺼번에 하지 말고 순서를 정해서 하라고 지시를 한 적이 있었습니다. 특히 고린도 같은 경우에는 이방인의 신전에 있는 여사제들이 모두 창녀들이었습니다. 그런데 이들이 예언을 하기도 했고 멋을 부린다고 머리에 수건도 쓰지 않았습니다. 그래서 사도 바울은 고린도 교회에 보낸 편지에서 여인들이 예배 때 머리에 수건을 쓰라고 하였고 여자들은 예언을 하지 않는 것이 좋겠다고 말을 한 바가 있습니다.

사도 바울은 이와 비슷한 권면을 오늘 본문에서도 하고 있습니다.

"그러므로 각처에서 남자들이 분노와 다툼이 없이 거룩한 손을 들어 기도하기를 원하노라"(8절)

우선 본문을 살펴보면 남자에 대하여 먼저 말을 하는데 실제로 거의 대부분은 여성에 대하여 말씀하고 있습니다. 그 이유는 사실 교회에서 여성들이 많았고 여성들의 역할이 사실상 중요했기 때문입니다.

특히 본문 말씀을 보면 여성론자들이 굉장히 싫어할 그런 말씀으로 되어 있기에 오해 할 수 있습니다. 심지어는 사도 바울은 남성 우월론자가 아닌가 하는 의심을 가지는 사람들이 있을 것입니다. 그러나 본문을 자세히 살펴보면 꼭 그런 것은 아니라는 것을 알게 될 것입니다.

우선 사도 바울은 남성들에게 권면하기를 분노하거나 다투지 말고 거룩한 손을 들어서 기도하는 사람들이 되라고 말하고 있습니다. 아마 남자들은 여자들 보다 자기주장이 강하고 무엇인가 일을 하려고 하는 의욕이 크기 때문에 다투기 쉽고 또 그런 것 때문에 분노하기 쉬운데 남자들은 무엇 보다 기도하는 위치라는 것을 강조하고 있습니다. 우리가 하나님께 기도하면 사실 싸울 일은 많지 않을 것입니다. 남자들이 가장 먼저 기억해야 할 것은 내가 무엇을 하는 것이 아니라 기도를 해서 하나님의 뜻을 찾고 하나님이 일 하시게 해야 한다는 것입니다. 이것만 되면 교회 안에서 싸울 일은 훨씬 줄어들게 될 것입니다. 사도 바울이 이런 말을 쓰는 것을 보면 얼마나 교회 안에서 싸우기 쉬운지 잘 보여주는 것입니다. 교회는 영혼을 치료하는 병원이기 때문에 일단 싸움이 일어나면 병원의 기능은 중단이 됩니다. 그런데 왜 싸우는가 원인을 보면 자기를 알아주지 않고 무시한다는 것이 많습니다. 그러나 언제나 기도가 우선이 되면 이런 오해나 분열은 막을 수가 있습니다.

교회는 언제나 평안해야 합니다.

특히 사도 바울은 여성들에게 요구 사항을 제시하고 있습니다. 왜냐하면 교회를 실제적으로 채우고 풍성하게 하는 사람들은 여성들이었기 때문입니다.

제일 먼저 여성들이 무엇으로 자신을 단장해야 하는지 옷치장을 말씀하고 있습니다.

"또 이와 같이 여자들도 아담한 옷을 입으며 염치와 정절로 자기를 단장하고 땋은 머리와 금이나 진주나 값진 옷으로 하지 말고"(9절)

여성들의 사치에 대하여 주의를 주고 있습니다. 여성들은 누구나 아름다워지고 싶고 또 좋은 보석이나 옷을 입으면 참으로 아름답게 보이는 것은 사실입니다. 그러나 교회 안에서는 잘 사는 사람만 있는 것이 아니라 못살고 가난한 사람들도 많이 있습니다. 그러면 이 못사는 여자들은 옷 때문에 시험이 들어서 교회를 오기 싫어하는 것입니다. 어떤 때에는 누군가가 멋진 보석을 달고 오면 그만 보석에 신경이 다 빼앗겨서 말씀이 하나도 귀에 들어오지 않을 수도 있습니다. 그래서 여성들이 단정한 옷을 입으면 되는 것이지 지나치게 사치한 옷을 입거나 보석으로 단장을 해서 다른 사람들을 시험 들게 하지 말라는 뜻입니다. 그렇다고 해서 일부러 옷을 추하게 입거나 보기 싫게 입을 필요는 없습니다. 아마 이때도 머리 스타일 문제로도 시험에 든 사람들이 있었던 것 같습니다. 그래서 그냥 머리를 늘어트리는 것 보다는 곱게 땋은 머리가 훨씬 고급스러웠던 것 같습니다. 그래서 사도 바울은 크리스천들의 단장은 땋은 머리로 할 것이 아니라고 했습니다. 이것은 교인들은 머리치장도 너무 돈을 많이 들여서 하지 말라는 뜻인 것입니다.

그리고 여성들의 아름다운 단장은 진주나 보석같이 겉을 화려하게 꾸미는 것이 아니라 '염치와 정절과 선행' 이라고 했습니다.

여기서 '염치' 라고 하는 것이 말이나 행동에 있어서 절제를 하고 조심스럽게 하는 것을 말합니다. 우리가 어떤 사람에 대해서 '저 사람은 참 염치가 없는 사람이다' 는 말을 합니다. 즉 남의 입장은 생각하지도 않고 조심 없이 멋대로 행동하는 사람을 두고 하는 말인 것입니다.

하나님의 백성들의 아름다움은 긴장하고 조심하는데 있습니다. 믿는 자들의 긴장이 풀어져버리면 아무데도 쓸모가 없습니다. 그리고 '정절' 이라고 하는 것은 물론 혼인의 순결을 의미합니다. 옛날에는 부인들의 성 관념이 아주 문란했습니다. 그러나 크리스천은 성적인 부분에 있어서 분명한 정절이 있어야 합니다. 특히 크리스천은 다른 남성이나 여성을 형제나 자매라고 부르는데 이것은 아주 가까운 사이인 것입니다. 그래서 정절이 지켜지지 않으면 기독교는 타락한 종교가 되고 맙니다.

그래서 남을 위해서 숨은 선행을 많이 하는 것이 참으로 아름다운 미덕이라고 했습니다.

무엇보다 여기서 문제가 되는 것은 교회 안에서 여성의 가르침을 허용하지 않는 것입니다.

"여자는 일절 순종함으로 종용히 배우라. 여자의 가르치는 것과 남자를 주관하는 것을 허락지 아니하노니 오직 종용할찌니라"(11-12절)

아마 이 구절을 보면 서양의 여자 목사들은 분노를 금치 못할 것입니다. 왜냐하면 서양에는 여자 목사들이 많이 있고 심지어는 텔레비전 설교도 잘 합니다. 그런데 사도 바울은 일체 여자가 가르치는 것은 안 된다고 말하기 때문입니다. 이것은 절대로 여성들이 가르칠 수 없다는 뜻은 아닐 것입니다. 그러면 교회 주일학교는 문을 닫아야 할 것입니다. 여성들도 위임된 범위 안에서 얼마든지 가르칠 수 있습니다. 또 여성들 중에서도 훌륭한 설교자가 얼마든지 많이 나올 수 있습니다. 구약 이스라엘에도 드보라 같은 훌륭한 지도자들도 있었고 또 예언자들도 있었습니다.

그러나 사도 바울은 어디까지나 원칙론적으로 주의를 주는 것입니다.

우리는 가르치는 부분에 있어서 잘 가르치는 것보다 더 중요한 것이 잘 들어주는 것입니다. 아무리 탁월한 설교자가 하더라도 들어주는 사람이 없을 때에는 큰 설교자로 자랄 수가 없습니다. 결국 훌륭한 설교자는 누군가가 잘 들어주고 받아 주었기 때문에 만들어지는 것입니다. 교회 안에는 잘 가르치는 사람도 필요하지만 잘 들어주는 사람이 얼마나 필요한지 모릅니다.

저는 영국의 유명한 설교자 마틴 로이드 존즈 목사님이 로마서만 가지고 무려 13년을 설교했다는 것을 알게 되었을 때, 설교한 분도 대단하지만 그것을 들어준 사람들도 대단하다고 생각했습니다. 그래서 교회라고 하는 것은 가르치는 자와 듣는 자가 같이 위대한 한 시대를 만들어가는 것입니다.

저는 똑똑하고 잘난 사람들과 만났을 때에는 그 분들이 너무나도 말을 잘하고 뛰어났었기 때문에 도무지 말할 기회도 없었고 또 감히 그런 분들 앞에서 자신의 이야기를 할 수가 없었습니다. 그러나 교회를 개척했을 때 저의 변변찮은 설교와 가르침을 잘 들어주는 여성들이 있었습니다. 이 분들이 제 마음의 상처를 치료해주었고 자신감을 가질 수 있게 해 주었습니다. 그 분들이 저에게는 얼마나 소중한 분들이었는지 모릅니다.

또한 여성들이 교회 지도자가 되었을 때 약한 부분이 있을 수 있습니다.

그 하나가 여성들은 감정에 약할 수가 있다는 것입니다. 그래서 어떤 경우에 여성들 사이에 감정적으로 대립이 되었을 때 남자들 이상으로 화해가 되지 않는 때를 많이 보게 됩니다. 또 하나는 다른 사람들이 하는 평가나 반응에 남자들 보다 훨씬 깊은 영향을 받을 수가 있는 것입니다. 남자들 같은 경우에는 남들이 뭐라고 해도 그냥 넘어갈 수가 있는데 여성들은 악성 루머나 사람들의 반응에 남자들보다 약할 수가 있습니다.

그러나 자상한 부분이나 섬세한 부분들은 여성들이 남성들에 비하여 말할 수 없을 정도로 탁월한 것은 우리가 인정을 해야 하고 오늘까지 교회가 부흥되고 축복의 공동체가 될 수 있었던 것은 묵묵하고 참고 순종하는 여성들이 있었기 때문입니다.

사도 바울은 여성들은 '해산함으로 구원을 얻는다'라고 말하고 있습니다. 이 '해산'은 두 가지 의미로 다 생각해 볼 수 있습니다. 하나는 실제로 자녀를 낳는 것입니다. 여성들의 가장 위대한 일은 자기들이 유명해지는 것보다는 훌륭한 믿음의 자손들을 낳는 것입니다. 그리고 또한 영적으로도 교회에서 귀한 믿음의 사람들을 키우는 것이 해산이 될 수 있습니다.

사도 바울은 우리 예수 믿는 사람들의 모임이 얼마나 아름다운 모임이며 이 세상과는 완전히 다른 거룩한 모임인지 소개를 해 주고 있습니다. 교회는 보석 상자와 같습니다. 보석 상자를 열면 각각 색깔이 다른 수많은 보석들이 빛나고 있습니다. 우리는 모두 하나님의 진리로 보석이 된 사람들입니다. 우리는 남들이 알아주지 않아도 꽃을 피우고 향기를 내는 들꽃과 같습니다. 예수님도 자신을 샤론의 들꽃으로 비유했는데 꽃 중에서 가장 아름다운 꽃은 사람들 몰래 피어있는 야생화인 것입니다. 아름다운 예배가 살아날 때 세상은 하나님의 놀라운 복을 받을 수 있습니다.

03
아름다운 직분

딤전 3:1-16

사람들은 이 세상에 있는 많은 유적들 중에서 가장 아름다운 건물은 아테네에 있는 파르테논 신전이라고 말을 합니다. 그리스에는 아름다운 신전들이 많이 남아 있는데 세월이 흐르면서 지붕이나 벽들은 다 날아가 버리고 기둥만 남아 있는 신전들이 많이 있습니다.

그러나 이 세상에 있는 신전들 중에서 가장 아름답고 능력 있는 신전은 바로 움직이는 사람들로 구성된 성전인 교회입니다. 우리는 이 말을 들으면 금방 이해가 되지 않을 것입니다. 물론 예배당 중에서는 건축학적으로 아주 뛰어나게 잘 지은 예배당들이 있을 것입니다. 한때 미국 LA에 있는 크리스탈 처치라고 해서 예배당

전체가 온통 유리로 된 예배당이 있는데 우리나라 목회자들도 구경한다고 많이 가 본 줄 압니다. 그러나 여기서 말하는 움직이는 성전은 그런 건축학적으로 멋있는 성전을 말하지 않습니다.

사도 바울이 디모데에게 이 편지를 쓸 때에는 기독교인들이 그렇게 대규모로 모이지 못할 때였습니다. 이때는 예배당은 없었고 그저 교인들 중에서 좀 집이 큰 사람들의 집에서 모였습니다. 그래서 사실은 눈에 보이는 신전은 없었습니다. 그런데 오늘 성경말씀은 이렇게 말씀하고 있습니다.

"이 집은 살아 계신 하나님의 교회요 진리의 기둥과 터이니라"(15절)

이 집이라고 하는 것은 교인들의 모임인 교회를 말합니다. 아직 모일 수 있는 멋진 예배당도 없고 그저 교인들의 집에서 모이고 있는 교인들을 향하여 '이 집은 살아계신 하나님의 교회' 라고 말씀하고 있습니다. 그리고 '진리의 기둥과 터니라' 고 말씀하고 있습니다. 교회를 지탱하는 것은 대리석 기둥이 아니라 하나님의 진리인 것입니다.

그런데 교회의 기초를 맨 끝에 설명을 하고 있습니다.

"크도다 경건의 비밀이여, 그렇지 않다 하는 이 없도다. 그는 육신으로 나타난 바 되시고 영으로 의롭다 하심을 입으시고 천사들에게 보이시고 만국에서 전파되시고 세상에서 믿은바 되시고 영광 가운

데서 올리우셨음이니라"(16절)

　교회에 대하여 '크도다 경건의 비밀이여' 라고 말씀하고 있습니다. 여기서 '경건의 비밀이 크도다' 라고 하는 것은 교회의 축복의 비밀에 대하여 말씀하고 있는 것입니다. 교회는 그냥 보면 사람들만 보인 것 같습니다. 그러나 교회는 어디에 연결되고 있는가 하면 하나님의 보좌 우편에 계신 예수님에게로 연결이 되고 있습니다. 즉 교회의 말씀과 죄 사함의 은총은 보좌 우편의 은혜가 우리에게 전달이 되어서 이루어지는 것입니다. 이 세상에 어떤 집도 하나님의 보좌 우편과 연결되는 집은 없습니다. 그러나 오직 예수님의 피 값으로 사신 교회만 하나님의 보좌 우편으로부터 조금도 오염되지 않은 정말 싱싱한 하나님의 은혜와 축복이 흘러넘치는 곳입니다. 그리고 우리의 기도도 바로 하나님의 보좌 우편으로 전달되게 됩니다.

　옛날에 야곱이 들판에서 돌을 베개하고 자다가 하나님의 사닥다리가 세워지고 천사들이 사닥다리 위를 오르락내리락하며 하나님께서 그 위에 서신 것을 보았습니다. 그리고 야곱은 온 몸이 두려움에 벌벌 떨면서 이것이 하늘의 문이요 하나님의 성전이라고 고백을 했습니다. 그러면서 야곱은 정확하게 이 성전이 무엇인지 잘 몰랐습니다.

　하나님의 성전은 장소나 건물이 아닙니다. 오직 하나님의 말씀을 중심으로 모인 성도들의 회중이 성전인 것입니다. 그래서 하나님의 백성들은 어디서든지 모이는 것이 중요하고 그 모임 가운데 하나님의 말씀이 선포되는 것이 중요합니다.

 이 성전은 바닥은 모두 예수님의 피로 되어 있고 기둥은 모두 진리로 되어 있습니다. 그리고 성도 한 사람 한 사람은 그 성전을 구성하고 있는 벽돌인 것입니다. 이 성전이 바로 살아있는 성전이고 기적의 성전이며 사람의 죄가 치유되고 변하여 새 사람이 되는 성전인 것입니다. 그래서 교회의 생명은 두 가지에 달려 있습니다. 하나는 하나님의 진리의 순수성입니다. 그리고 또 하나는 성도들의 순수성입니다. 성도들이 순수하게 모이고 하나님의 진리가 순수하면 그 안에 반드시 하나님이 계십니다. 기도가 응답이 되고 기적으로 병이 나으며 어떤 사람도 변하여 새 사람이 되는 것입니다.

 그러나 교회는 사람으로 구성되어 있기 때문에 교회의 뼈대도 사람으로 구성되어 있습니다. 오늘 본문 말씀은 도대체 교회의 뼈대를 구성하는 사람들이 어떤 자질을 가져야 하는 사람인지 보여주고 있습니다.

감독의 자질.

"미쁘다 이 말이여, 사람이 감독의 직분을 얻으려하면 선한 일을 사모한다 함이로다"(1절)

원래 신약 교회에는 가장 중요한 직분이 사도라는 직분입니다. 이 사도는 예수님의 부활을 목격한 자로서 여러 곳에 가서 복음을 전하고 교회를 세우는 일을 했습니다. 그러나 이 사도의 직분은 계승되는 것이 아니었습니다.

사도들은 각 교회에 장로들을 세워서 교인들을 돌보게 했습니다. 이때 장로들은 말씀을 가르치기도 하고 교인들을 돌보기도 하는 목회자들이었습니다.

그런데 오늘 본문에서는 '감독'이라는 직분이 나오게 됩니다. 원래 감독(에피스코페스)라는 직분은 초대 교회 시대를 지나면서 교회가 정착되면서 생기게 된 직분인 것 같습니다. 아마 초대 교회의 장로들과 같은데 좀 더 말씀을 가르치는 일에 전무한 사람들이 아닌가 하는 생각이 듭니다.

지금 천주교나 감리교 같은 경우에 '감독'은 일선 목회자보다 훨씬 높은 직책으로 여러 교회를 감독하는 주교 같은 사람을 말합니다. 그러나 이 당시에는 아직 그런 조직은 만들어지지 않았던 것 같고 몇몇 가정 교회를 돌보면서 말씀도 전하고 교회도 지키는 목회자들이었다고 생각을 합니다.

요즘도 영국의 지방에 있는 교회나 우리나라의 군인 교회 같은 경우에는 매 교회에 목사님이 있지 못하고 집사나 전도사님만이 있기에 몇 교회를 돌면서 설교도 하고 성찬도 행하는 목사님들이 계시는데, 당시 감독도 이와 유사하지 않았나 생각됩니다.

교회는 하나님의 집이기 때문에 하나님의 말씀을 전하는 일이 가장 중요합니다. 만약 하나님의 말씀이 없다면 교회는 사람들의 모임 이상은 되지 못할 것입니다. 감독이 할 일은 교회를 체계적인 하나님의 말씀으로 잘 먹여서 교인들이 하나님의 진리로 잘 다듬어지는 일을 해야 하는 책임을 맡은 자를 말합니다.

그래서 구약 시대에는 선지자를 '하나님의 입'이라고 말을 했습니다. 교회에서 하나님의 입이 더러운 입이 되어서는 안 됩니다. 또한 세상 이야기만 잔뜩 하는 엉터리 같은 입이 되어서도 안 됩니다. 목회자는 하나님의 말씀을 맡은 중요한 직분이기에 성경이 말씀하는대로 말씀을 전하기 위해 애써야 하며 거룩한 삶을 살아야 합니다.

사실 사탄의 모든 공격은 목회자 한 사람에게 집중되고 있다고 보아야 합니다. 만약 교회에서 목회자 한 사람을 죄나 어떤 스캔들로 쓰러트릴 수 있으면 그 교회는 큰 타격을 입게 되는 것입니다. 그래서 목회자는 자기 자신도 스스로를 지켜야 할 뿐 아니라 교회도 목회자를 지켜주어서 오직 바른 말씀만 전할 수 있게 해야 합니다. 이렇게 하려면 교인 자신들이 하나님의 말씀을 좋아해야 하고 잘 들어주어야 합니다.

출애굽기에 보면 이스라엘이 아말렉과 싸울 때 모세가 산 위에서 손을 들면 여호수아와 이스라엘 백성들이 이기고 모세가 팔이 아파서 손을 내렸을 때 옆에서 아론과 훌이 손을 잡고 들어주었습니다. 그랬더니 하루 종일 모세의 손이 내려오지 않아서 이스라엘이 아말렉을 이길 수 있었습니다. 감독이 아무리 하나님의 종이라고 해도 교인들이 말씀을 듣기 싫어하고 옆에서 누가 손을 잡아주지 아니하면 금방 맥이 빠져서 손이 내려가 버리게 됩니다.

그래서 교회에서 가장 중요한 것은 강대상입니다. 이 강대상이 바로 구약 시대로 말하면 하나님의 언약궤인 것입니다. 목회자는 강대상에 목숨을 바쳐야 합니다. 강대상에서 흘러나오는 말씀이 오염되면 교회 전체는 다 오염되게 되는 것입니다.

누구든지 목회자가 되려고 하는 사람들은 일단 사명감을 가진 사람입니다. 왜냐하면 요즘은 목회자의 인기나 대우가 많이 달라졌지만 옛날에는 그야말로 인기나 대우와는 거리가 먼 것이 목회자의 직분이었습니다. 가난하고 아무도 알아주지 않지만 오직 영혼들을 사랑하고 하나님의 말씀을 사랑하는 마음으로 이 길을 가게 되는 것입니다. 특히 하나님의 말씀을 전하지 않으면 속이 타서 죽을 것 같은 마음이 있어야 합니다.

그런데 오늘 말씀을 보면 목회자의 사생활까지 구체적으로 어떠해야 하는지 말씀을 하고 있습니다.

우선 감독이 될 사람은 선한 일을 사모해야 합니다. 여기서 '사모한다'는 것은 아주 뜨겁게 갈망을 하는 것을 말합니다. 이것을 하지 않으면 도저히 못할 것 같은 마음을 말합니다. 목회자가 사모해야 할 가장 중요한 것은 무엇입니까? 그것은 결국 복음을 전하는 것이요 설교하는 것입니다.

무엇보다 목회자는 가장 거룩한 하나님의 말씀을 전하는 사람이기 때문에 생활이 깨끗해야 합니다.

> "그러므로 감독은 책망할 것이 없으며 한 아내의 남편이 되며 절제하며 근신하며 아담하며 나그네를 대접하며 가르치기를 잘하며 술을 즐기지 아니하며 구타하지 아니하며 오직 관용하며 다투지 아니하며 돈을 사랑치 아니하며"(2-3절)

일단 목회자가 되려고 하는 사람은 도덕적으로 큰 흠이 없어야 합니다. 물론 사람들은 다 젊어서 조금씩 방황하기도 하고 죄를 짓기도 하지만 큰 스캔들 거리가 될 만한 죄를 지어서는 안 됩니다. '책망할 것이 없다'는 말은 도덕적으로 비난받을 그런 짓을 한 적이 있어서는 안 된다는 것입니다. 왜냐하면 수도관이 깨끗해야 깨끗한 물이 공급될 수 있기 때문입니다. 여기에 보면 꼭 한 아내의 남편이 되어야 한다고 했습니다. 교회에는 많은 여성들이 있습니다. 그래서 목회자는 성적으로 깨끗해야 하고 믿을 수 있는 사람이어야 합니다. 제가 어렸을 때 교회 목사님은 이북에 부인을 두고 혼자 피난오신 분이셨는데 부인 없이 혼자 끝까지 사셨습니다. 왜냐하면 그때 교회가 목사님의 부인이 이북에 살아 있을지 모르는데 재혼이라는 것을 허락하지 않았기 때문입니다. 목회자는 이성적인 유혹으로부터 깨끗해야 교회를 책임지고 끝까지 이끌고 나갈 수 있습니다. 만약 이성적인 유혹에 흔들리거나 넘어지면 그것으로 끝장이 나고 마는 것입니다.

그리고 개인 생활에 있어서도 사치하거나 요란하지 말고 단순하고 검소해야 한다고 했습니다. '절제하며 근신하며 아담하며'

라고 했습니다. 왜냐하면 교인들은 목사님의 설교만 듣는 것이 아니라 그의 삶을 보기 때문입니다.

'절제하며'라는 것은 사치해서는 안 된다는 뜻입니다. 그리고 '근신하며'라는 것은 그러면서도 부지런해야 합니다. 너무 잠을 많이 자거나 게으르거나 하면 또 안 됩니다. 그러면서도 '아담해야' 합니다. 이 '아담한 것'은 단정한 것을 말합니다. 언제나 누구를 만나든지 옷 가짐이나 머리나 흐트러진 모습 없이 단정해야 하는 것입니다. 어떤 분은 이것은 너무 위선적이지 않느냐고 말할지 모릅니다. 그러나 이것은 위선적인 것이 아닙니다.

그리고 다른 사람에게 마음이 열려 있어야 합니다. 여기에 보면 '나그네를 대접하며 가르치기를 잘 하며'라고 했는데 완전히 문을 닫아놓고 아무도 받아들이지 않으면 독선적이 될 가능성이 많습니다. 특히 '가르치기를 잘하며'라고 했는데 목회자에게는 어느 정도의 지적이 훈련이 필요합니다. 왜냐하면 너무 지적인 훈련이 되어있지 않아서 가르치는 것이 안 되는 분이 있기 때문입니다. 또 너무 배운 것이 없으면 너무 완고해서 남의 이야기를 전혀 들으려고 하지 않게 됩니다. 배우지 않은 분의 특징은 참으로 생각은 기발한데 남의 이야기를 듣지 못하고 자기 이야기만 자꾸 하는 것입니다. 그리고 목회자는 세상적인 습관이나 기질과는 완전히 끊어져야 합니다.

여기에 보면 '술을 즐기지 아니하며 구타하지 아니하며 그리고 다투지 아니하며 돈을 사랑하지 아니하며'라고 말씀하고 있습니다. 술은 사람을 방탕하게 만드는 최고의 적입니다. 그래서 절대로 술을 마시는 사람이어서는 안 됩니다. 그리고 성격이 포악해서는 안 됩니다. 그러면 말씀 대신에 주먹이 나오게 됩니다. 그리고 성격적으로 다른 사람과 잘 다투는 사람이 있습니다. 이런 사람들은 영혼을 얻는데 유리하지 않습니다. 왜냐하면 잘 다툰다는 것은 남의 의견이나 성격을 용납을 못하는 것인데 교회는 그야말로 다양한 성격을 가진 사람들이 모인 곳이고 누구든지 하루아침에 잘 변하지 않습니다.

목회자는 농사꾼과 같이 오래 기다릴 줄 알아야 합니다. 그리고 돈을 사랑하면 안 됩니다. 왜냐하면 돈을 사랑하면 돈 있는 사람만 좋아하게 되고 교인들에게 자꾸 돈 이야기를 하게 되기 때문입니다. 그리고 자꾸 대접받는 자리를 좋아하게 됩니다. 그러면 구약 시대의 전형적인 거짓 선지자가 되는 것입니다.

그런데 여기에 보면 아주 중요한 말씀을 하고 있습니다.

> "자기 집을 잘 다스려 자녀들로 모든 단정함으로 복종케 하는 자라야 할지며 사람이 자기 집을 다스릴 줄 알지 못하면 어찌 하나님의 교회를 돌아 보리요"(4-5절)

목회자는 자기 집을 잘 다스려서 자녀들이 문제를 일으키지 못하게 해야 합니다. 그러나 목회자는 언제나 교회 일이나 다른 사람들의 일에 더 신경을 쓰기 때문에 사실 자기 집을 돌볼 시간이 없습니다. 더욱이 교회의 좋지 않은 일을 집안의 식탁에서 말하다 보면 아이들이 그것을 다 듣고 교회의 선생님들이나 장로님들을 불신을 하게 됩니다. 그러면 벌써 목회자의 자녀들의 신앙이 냉소적이고 비판적인 신앙이 되어버리는 것입니다. 그래서 목회자는 교회 일만 죽으라고 해서는 안 되고 아이들이나 부인을 위해서 시간을 내어주어야 합니다. 특히 목회자는 부인과의 관계가 아주 중요합니다. 왜냐하면 부인과의 관계가 좋지 못하면 사탄이 틈을 타기 때문입니다. 그리고 사실 목회자의 신앙이 좋다고 해서 자기 자녀들의 신앙이 꼭 좋다는 보장은 하지 못합니다. 우리나라에서도 유명한 목사님들은 대개 자녀들의 문제로 큰 곤욕을 치루는 것을 보게 됩니다. 이미 자녀들도 아버지의 유명세로 개인 프라이버시가 침해당하고 모든 일거수일투족이 다른 사람들로부터 주목의 대상이 되고 관심의 대상이 되니까 심리적으로 매우 불안한 것입니다. 이런 부분들을 잘 감당할 수 있게 도와주어야 합니다.

여기서 강조하고 있는 말씀이 있다면, 자기 집도 제대로 다스리지 못하는 사람이 무슨 하나님의 교회를 돌아보느냐고 말씀을 하고 있습니다. 즉 자기 집을 제대로 다스리지 못하면 목회를 그만두어라고 말씀하시는 것입니다.

목회자는 새로 믿는 사람은 안 됩니다. 왜냐하면 일시적인 야망이나 교만 때문에 목회를 지원할 수가 있기 때문입니다. 그리고 외부의 믿지 않는 사람들에게도 평판이 좋아야 한다고 말씀을 했습니다. 결국 세상 사람들이 사람 됨됨이는 정확하게 보기 때문입니다.

교회나 목회자에 대한 세상의 이미지가 아주 중요합니다. 왜냐하면 외부인들을 전도할 때가 더 많기 때문입니다. 그들이 자세한 것은 모르지만 그 분위기라든지 소문은 늘 듣고 있기 때문입니다.

"또한 외인에게서도 선한 증거를 얻은 자라야 할지니 비방과 마귀의 올무에 빠질까 염려하라"(7절)

교회 안에서 싸우고 다투면 세상 사람들이 그것을 더 잘 압니다. 그러면 마귀는 좋아라 하면서 비방을 해대게 됩니다. 목회자는 마귀에게 그런 비방할 수 있는 핑계거리를 주어서는 안 되는 것입니다. 그런 비방거리를 주면 이미 여러 영혼들을 놓치고 마는 것입니다.

교회를 돕는 사람들.

사람은 입만 가지고는 살 수가 없습니다. 손도 있어야 하고 발도 있어야 합니다. 마찬가지로 교회는 말씀이 가장 중요하지만 말씀하는 입만 가지고는 모든 일을 다 하기에 불편하게 됩니다.

우선 목회자는 말씀에만 전념하기 위해서 세상적인 직업이나 교회 재정과는 분리되어야 합니다. 우선 세상에서 열심히 돈을 벌다가 달려와서 하나님의 말씀을 생각해 봐야 돈 벌던 생각밖에 나지 않는 것입니다. 하나님의 말씀을 제대로 연구하려면 세상적인 직업을 포기해야 합니다. 그리고 교회 안에서도 재정적인 문제를 다른 사람에게 맡겨야 합니다.

초대 교회 때 구제 문제로 과부들 사이에서 원망이 터졌을 때 사도들은 우리가 잘못했다고 시인을 하면서 일곱 명의 집사들을 세워서 재정의 일을 맡겼습니다. 사도들은 자신들이 말씀과 기도에 전념을 해야 하는데 이런 문제를 맡은 것이 잘못이었다는 것입니다. 사실 교회는 말씀과 구제나 재정이 완전히 분리될 수가 없습니다. 어떤 의미에서 교회 안에서 재정적인 필요를 가장 잘 아는 사람도 목회자일 것입니다. 그럼에도 불구하고 구체적으로 재정을 다루는 일은 집사들에게 맡겨야 하는 것입니다.

'집사'(디아코노스)라는 직분은 '봉사한다'는 뜻입니다. 즉 교회를 몸으로 봉사하는 것을 의미합니다. 우리 한국 교회의 부흥의 원인에 대해서 어떤 분들은 성경 공부와 재정적인 독립이라는 말을 하는 분들이 있습니다. 왜냐하면 교회가 장로들을 세워서 어떻게 해서든지 자기 교회를 책임지게 했을 때 교회가 많이 재정적으로 독립되고 튼튼해졌던 것은 사실이기 때문입니다.

그러나 집사의 직분은 단순히 재정적인 부분만 섬기는 것이 아니라 사실은 교회 안에서 설교를 제외한 모든 부분을 다 감당하게 됩니다. 집사직은 교회의 동맥, 정맥과 같고 신경 조직과 같은 존재입니다. 그래서 집사의 자질이 아주 중요합니다.

"이와 같이 집사들도 단정하고 일구이언을 하지 아니하고 술에 인 박이지 아니하고 더러운 이를 탐하지 아니하고 깨끗한 양심에 믿음의 비밀을 가진 자라야 할지니"(8-9절)

여기에 보면 집사의 직에 외모가 단정한 것을 가장 먼저 말씀하고 있습니다. 이것인 이미 세상적인 태도가 벗겨진 것을 말합니다. 이 당시 세상 사람들이 하던 이교적이며 방탕한 이런 때가 완전히 벗겨진 것을 의미합니다.

예수님께서 거리사의 광인을 처음 만나셨을 때 옷도 벗고 소리도 지르면서 광기를 부리던 자였습니다. 그러나 그에게서 귀신들이 모두 다 나갔을 때 그는 옷을 입고 단정한 사람이 되었습니다. 그래서 집사가 될 만한 사람은 세상적인 그런 광기와 때가 완전히 벗겨져서 하나님 앞에서 벌써 태도나 자세가 변한 사람이어야 하는 것입니다. 교회 안에서 세상에서 하던 식으로 씩씩거리면서 이상한 짓을 하거나 음담패설을 하는 사람이서는 안 되는 것입니다.

남자들 중에서는 세상적인 농담을 심하게 하거나 혹은 술을 끊지 못한 사람은 집사를 시켜서는 안 됩니다. 특히 집사는 일구이언을 해서는 안 됩니다. 즉 여기서 말하는 것과 다른데서 말하는 것이 달라서는 안 되고 사람 앞에서 하는 말과 뒤에서 하는 말이 달라서도 안 됩니다. 즉 아첨해서도 안 되고 뒤에서 비방해서도 안 되고 언제나 믿을 수 있는 신실한 사람이어야 하는 것입니다. 특히 술에 인이 박여서는 안 됩니다. 술은 사람으로 하여금 취하게 하고 헛소리를 하게하고 죄짓게 충동질을 하기 때문에 집사는 술을 끊어야 할 수 있습니다. 그리고 돈 문제에 있어서 깨끗해야 합니다. 즉 더러운 수입을 가져서는 안 되고 고리채를 한다면서 다른 사람에게 빚을 많이 지고 갚지 않았다든지 해서는 안 됩니다. 왜냐하면 교회 돈에 손을 댈 수 있기 때문입니다.

그래서 집사는 시험을 해 봐야 한다고 했습니다. 사람의 겉모습만 봐가지고는 알 수 없기 때문에 시간을 두고 관찰을 해야 하는 것입니다. 어떤 사람은 좋지 않은 동기를 가지고 교회에 들어와서 열심을 내다가 나중에는 빚을 잔뜩 얻어가지고 도망을 치는 일들도 있습니다. 그러니까 처음부터 직분을 맡기지 말고 시간을 두고 지켜보아서 사람을 시험해보고 책망할 것이 없을 때 집사의 직을 맡겨야 합니다.

특히 집사들에게 꼭 있어야 하는 것이 있습니다.

"깨끗한 양심에 믿음의 비밀을 가진 자라야 할지니"(9절)

그리스도인들의 최고의 재산이 바로 깨끗한 양심이고 믿음의 비밀입니다. 이 두 가지가 없는 사람은 믿음이 파선한 사람입니다. 결국 집사의 일을 하는 이유는 하나님의 말씀을 사랑하고 은혜 받은 것이 너무 감격스러워서 하는 것입니다. 집사에게 가장 중요한 것은 하나님의 말씀을 사랑하는 것입니다.

예수님은 마르다에게 많은 일로 분주하지 말라고 하시면서 마리아가 좋은 편을 택하였다고 하셨습니다.

그리고 집사도 감독과 마찬가지로 오직 한 아내의 남편이 되어야 합니다.

"집사들은 한 아내의 남편이 되어 자녀와 자기 집을 잘 다스리는 자일지니"(12절)

집사는 성적인 유혹에 넘어가는 사람이어서는 안 됩니다. 그래서 자기 부인보다 다른 사람에게 더 친절한 사람은 수상한 사람입니다. 만일 교회가 성적인 타락을 이기지 못하면 교회는 무너지는 것입니다.

초대 교회는 교회 안에서 여성들의 역할이 아주 중요했습니다. 그러나 자칫 잘못하면 여성들의 시기나 미움으로 분쟁이 일어나는 경우도 많이 있었습니다. 그래서 여자 집사의 자격에 대해서도 말씀을 하고 있습니다.

"여자들도 이와 같이 단정하고 참소하지 말며 절제하며 모든 일에 충성된 자라야 할지니라"(11절)

여자 집사도 단정해야 합니다. 이것은 세상적인 사치나 사고방식이 깨끗이 씻겨져야 하는 것입니다. 그리고 참소해서는 안 됩니다. 이 참소라고 하는 것은 남의 좋지 않은 것을 들추어내어서 말을 하는 것입니다. 그러면 이 말 때문에 온 교회가 사탄의 시험에 들게 됩니다. 야고보 사도는 이런 말이 지옥에서 나오는 불이라고 했습니다. 소문이 한번 잘못 돌게 되면 사람들의 가슴에 지옥불이 붙게 되는 것입니다. 그래서 교회의 여자 집사님들은 입이 무거워야 합니다.

여기에 보면 집사의 직분을 잘 한 사람에게 엄청난 복이 약속되어 있습니다.

"집사의 직분을 잘한 자들은 아름다운 지위와 그리스도 예수 안에 있는 믿음에 큰 담력을 얻느니라"(13절)

집사의 직분을 잘 한 사람은 세상의 어떤 일을 맡아도 잘 하게 되어 있습니다. 왜냐하면 모든 일에 이렇게 충성된 자는 없기 때문입니다. 그리고 하나님 앞에서 집사의 지위는 매우 큰 것입니다. 아주 아름다운 지위이고 큰 믿음의 담력을 얻게 되는데 기도의 능력과 축복의 능력과 큰 부흥의 능력을 얻게 되는 것입니다.

교회 안에서의 분쟁.

교회는 이 세상에서 가장 아름다워야 하고 가장 사랑이 충만한 곳이어야 하는데 우리는 많은 경우에 교회에서 상처를 받는 것을 보게 되고 때로는 교회 안에서 사람들끼리 싸우는 바람에 하나님의 이름이 크게 훼손당하는 것을 보게 됩니다.

일단 우리가 알아야 할 것은 교인들도 모두 다 죄인들이기 때문에 싸울 수밖에 없다는 것입니다. 목사도 죄인이고 집사도 죄인이고 교인들도 죄인들이기 때문에 싸울 수밖에 없습니다. 어떻게 보면 우리 인간들끼리 있으면 매일 싸우는 것이 정상일지도 모르겠습니다.

그러나 교회 안에서 싸우는 것은 사탄의 가장 무서운 시험입니다. 왜냐하면 일단 교회가 싸우면 교회로서의 기능이 정지되어버립니다. 예를 들어서 병원 안에서 의사나 직원들끼리 싸우면 환자 치료가 제대로 될 수 없는 것과 마찬가지입니다. 교회는 언제나 은혜스러워야 합니다. 그러나 사탄은 어떻게 해서든지 교회 안에서 분쟁을 일으켜서 교회의 기능을 중단시키려고 합니다.

특히 교회는 그리스도의 몸이기 때문에 교회 안에서 파가 갈라져서 싸우는 것은 그리스도의 몸을 찢는 것과 같습니다. 예수님을 십자가에 한번만 못을 박아야지 우리가 예수님의 몸을 이렇게 갈가리 찢어놓아서 되겠습니까?

그런데 그리스도의 몸을 찢는 사람들을 보면 결국 평신도들이기보다는 직분자들인 경우가 대부분인 것입니다.

저는 어떤 교회에서 중직자들이 싸워서 교회를 거의 갈가리 찢어 놓았음에도 불구하고 장로의 직분은 그대로 가지고 있는 것을 보고 놀라지 않을 수가 없었습니다. 이런 사람들은 장로의 직분이 예수님의 살을 찢는 것보다 더 중요한 것이었습니다. 결국 교회 안에서 주도권을 잡으려고 교회를 갈기갈기 다 찢어버린 것입니다.

　결국 교회를 찢지 않는 것은 겸손입니다. 언제나 다른 사람을 나보다 낮게 여기고 겸손으로 허리를 동일 때 결국 사탄이 틈 탈 기회는 적어지는 것입니다. 또한 가장 중요한 것은 교회 안에 하나님의 말씀이 계속 선포되어질 때 우리가 모두 성품이 변하게 됩니다. 이리와 같고 늑대와 같은 성품들이 어린양처럼 변하게 되는데 이 길만이 교회를 찢지 않고 지킬 수 있는 길인 것입니다. 우리는 예수님을 두 번 씩 못을 박아서는 안 됩니다. 하나님이 주신 교회를 끝까지 잘 지켜서 예수님 앞에 잘 했다 칭찬받는 모든 성도들님 되시기를 바랍니다.

04
아름다운 가르침

딤전 4:1-15

한때 백화점에서 파는 물건의 포장이 과대 포장이라고 해서 사회적인 이슈가 되었던 적이 있었습니다. 즉 속에 들어 있는 물건은 별 것이 아닌데 포장만 요란하게 해서 돈을 비싸게 받았던 것입니다. 우리가 다른 사람으로부터 어떤 물건을 받았는데 포장이 화려하면 안에 좋은 물건이 들었겠구나 기대를 하게 됩니다. 그러나 나중에 집에 가서 포장을 뜯고 난 후에 보니까 안에 들어 있는 내용물이 포장과는 달리 아주 형편없는 것이면 실망을 하게 되고 심한 경우에는 속았다는 생각이 들 수도 있을 것입니다.

오늘 이 시대는 사람을 그럴듯하게 포장을 하는 시대입니다. 그래서 인물이 좋고 경력이 좋으면 좋은 사람인 줄 알고 택하는데 택하고 난 후에 보면 포장하고 다른 경우가 많이 있는 것입니다. 특히 결혼하면서 신랑이 인물도 좋고 체격도 그럴듯해서 선택을 했는데 나중에 보니까 경제능력도 전혀 없고 가정을 전혀 책임지지 않는다면 이것은 완전히 사람의 겉포장에 속은 것입니다. 우리가 신앙생활을 하면서 아름다워질 수 있는 것은 포장이 화려하기 때문이 아닙니다. 우리를 아름답게 하는 것은 우리 속에 부어지는 진리의 가치 때문입니다.

사도 바울은 우리에 대하여 말하기를 '질그릇 안에 담긴 보화'라고 말을 했습니다. 우리 성도들을 외모로 보면 질그릇같이 초라하지만 속에 담긴 진리는 어마어마한 보물이기 때문에 우리는 굉장한 것을 담은 보물덩어리가 되는 것입니다. 우리는 마치 빈병과 같습니다. 우리는 우리 안에 무엇을 담느냐에 따라서 가치가 달라지게 됩니다. 빈병에 간장을 담으면 간장병이 되는 것이고 꿀을 넣으면 꿀 병이 되는 것이고 참기름을 넣으면 참기름 병이 되는 것입니다. 그래서 교회를 가장 아름답게 하고 교인들을 가장 가치 있게 만드는 것은 강단에서 선포되는 하나님의 말씀의 질에 달려 있습니다.

스가랴서는 하나님께서 스가랴에게 금기름이 공급되는 관을 보여주고 있습니다. 하나님의 말씀은 불순물이 조금도 들지 않은 순수한 금기름입니다. 이런 기름이 풍성하게 공급이 될 때 교회는 너무나도 아름다울 수가 있고 교인들은 너무나도 존귀한 사람이 되게 되는 것입니다.

물론 사람들이 이런 것의 가치를 알아주지 않을 수 있습니다. 그러나 우리는 거기에 연연해 할 필요가 없습니다. 왜냐하면 하나님께서는 그 가치를 알고 계시기 때문입니다.

교회가 아름다울 수 있는 것은 교회의 가르침이 이 세상의 케케묵은 가르침이 아니고 순수한 하나님의 가르침이기 때문입니다.

오늘 본문 말씀은 교회 안에서 어떻게 가르침이 순수할 수 있고 아름다울 수 있는지 말씀하고 있습니다.

거짓된 유행을 피하라

요즘도 그런 경향이 있지만 초대 교회 때에도 교회가 유행을 많이 탔던 것 같습니다. 그래서 누군가가 재미있게 가르치고 대단한 영향을 미친다고 하면 별로 검정도 해보지 않고 부르거나 아니면 찾아가서 배워오곤 했던 것 같습니다. 그 중에서 극단적인 금욕주의의 가르침이 있었습니다. 이 가르침이 어느 정도였는가 하면 모든 추종자에게 결혼을 금지시키고 어떤 특정 음식 외에는 먹지 못하게 하는 것이었습니다. 그런데 이상하게 이런 금욕적인 신앙이 교인들에게 상당히 어필이 되면서 따라가려고 했던 사람이 많이 생기게 되었습니다. 이것을 두고 사도 바울은 '미혹케 하는 영과 귀신의 가르침'이라고 비난하고 있습니다.

"그러나 성령이 밝히 말씀하시기를 후일에 어떤 사람들이 믿음에서 떠나 미혹케 하는 영과 귀신의 가르침을 좇으리라 하셨으니 자기 양심이 화인 맞아서 외식함으로 거짓말하는 자들이라. 혼인을 금하고 식물을 폐하라 할 터이나 식물은 하나님이 지으신 바니 믿는 자들과 진리를 아는 자들이 감사함으로 받을 것이니라"(1-3절)

성령께서 분명하게 말씀하신 사실 하나는 교회에 거짓된 가르침이 들어온다는 것입니다. 그것은 결국 '미혹케 하는 영과 귀신의 가르침'이라고 했습니다. 즉 성경적 가르침이 아니라 사람들이 제 멋대로 생각을 해내어서 하나님의 뜻이라고 가르치는 것입니다.

신앙의 세계라고 하는 것은 수학의 공식처럼 눈에 보이거나 증명을 할 수 있는 것이 아닙니다. 그러니까 사람들이 제 멋대로 성령 받았다고 떠들어대거나 능력 받았다고 떠들어 댈 때 이것이 아니라는 증거가 없는 것입니다.

그래서 가장 많이 가짜가 판을 칠 수 있는 영역이 바로 신앙의 영역이고 종교의 영역입니다. 즉 어떤 중이나 도사가 자기 멋대로 지껄여대어도 사람들은 그것이 진짜인지 아닌지 검증할 길이 없는 것입니다. 그래서 교회는 가르치는 부분에 있어서 엄격한 검증을 거쳐야 합니다.

결국 교회는 성경을 가지고 가르쳐야 오류가 없고 하나님의 성령이 역사를 하게 됩니다. 그런데 사람들은 귀가 가려워서 자기가 듣기 좋은 가르침을 자꾸 좋아하게 되었습니다. 그러다 보니 미혹

하는 영에게 걸려들게 되는 것입니다. 그런데 이때 등장했던 가르침이 결혼을 하지 말라는 것이었습니다. 즉 결혼을 하는 것은 죄라고 가르쳤던 것입니다. 그리고 음식을 먹지 말라고 가르친 것입니다. 물론 이 당시 음식 중에서 고기류는 문제가 있었습니다. 즉 많은 고기들을 도살하는 곳이 우상의 신전이었고 대부분의 고기들은 우상의 제물인 경우가 많았습니다. 그러나 모든 고기를 먹어서는 안 된다고 하든지 혹은 건강 비법 같은 것을 이야기하면서 하나님의 뜻은 채식을 하는 것이라는 식으로 가르치는 사람들이 있었던 것입니다.

그런데 우리가 생각하기에는 결혼을 금하고 식물을 금하는 것이 굉장히 거룩할 것 같은데 사도 바울은 귀신의 가르침이고 위선적이고 거짓말하는 것이라고 말씀을 하고 있습니다.

우선 우리가 생각해야 할 것은 가르치는 자 자신이 거듭나지 못한 사람일 때에는 가르침 자체가 굉장히 율법적일 수 있습니다. 즉 자기 자신이 진정으로 은혜 안에서 해방된 체험이 없기 때문에 다른 사람들에게 많은 율법의 멍에를 메울 수 있습니다. 우리가 거듭나지 못하면 모든 것이 죄이기 때문에 늘 죄책감에 사로잡히게 됩니다. 그래서 이런 죄책감을 극복하기 위해서는 늘 극단적으로 신앙 생활할 것을 남에게 요구를 하게 됩니다. 즉 기도도 몇 시간 이상씩 해야 하고 특히 금요일 기도를 빠지면 사탄이 나를 넘어지게 할 것이라 생각한다든지 혹은 금식을 며칠씩 해야 하고 심지어는 하나님께서 내가 형제나 자매에게 마음이 빼앗기는 것을 원하시지 않기 때문에 결혼을 포기해야 한다고 생각하는 것입니다.

앙드레 지드가 쓴 '좁은 문'을 보면 두 남녀가 만나서 사랑을 합니다. 그러나 이들의 배경은 프랑스의 천주교입니다. 이들은 서로 사랑하고 행복해 하는 것은 경건치 못하다고 생각하는 것입니다. 그래서 서로 사랑함에도 불구하고 하나님을 더 사랑해야 하기 때문에 헤어져야 하고 또 그렇게 병들어 죽는 것이 경건한 것이라고 생각하는 것입니다. 또 어떤 사람은 너무 거룩해지기 위해서 모든 먹는 것이나 입는 것을 극단적으로 피하고 거의 굶어 죽다시피 하면서 하나님 앞에서 거룩해지려고 몸부림을 치는 경우도 있습니다.

제가 어렸을 때 기독교 계통에서 팜플렛으로 나오는 잡지 같은 것이 있었습니다. 거기에 보면 어떤 가톨릭 신부가 고행을 하는 것이 나옵니다. 죄를 이기기 위해서 음식도 아주 조금 먹고 저녁이 되면 자기 등에 채찍질을 하면서 도를 닦으려고 하는 것입니다. 그러나 조금도 자신의 마음이 깨끗해지지 않고 더 더러워지는 것을 가지고 고민을 하다가 결국 탈출을 해서 개신교로 오는 내용이었습니다.

사람이 깨끗해지는 것은 먹는 것을 줄이거나 잠을 자지 않거나 결혼을 피하는 것으로 되지 않습니다. 물론 한 순간으로는 내가 이만큼 하나님을 위해서 희생을 하는구나 하는 위안을 될지 모르겠지만 이것도 사실은 자기만족에 불과한 것입니다. 우리가 깨끗해지는 것은 어쩌면 쉬운 것입니다. 우리 안에 하나님의 말씀을 담으면 우리는 저절로 깨끗해지게 되어 있습니다.

시편 기자는 말하기를 '청년이 무엇으로 그 행실을 깨끗케 하리이까 주의 말씀을 따라 삼갈 것이니이다'(시 119:9)라고 했습니다. 청년의 때는 가장 육체의 정욕이 왕성할 때입니다. 그러나 하나님의 말씀을 속에 담으면 새벽이슬같이 깨끗한 청년이 될 수 있습니다. 그러나 하나님의 말씀을 속에 담지 않고 죄를 이기려고 하는 것은 사실 죄를 참는 것이지 진짜 죄를 이기는 것이 되지 못합니다. 그래서 겉으로는 경건한 것처럼 자랑하지만 이것은 언제 터질지 모르는 시한폭탄과 같은 것입니다. 일단 한번 터져버리면 걷잡을 수가 없게 됩니다.

우리가 여기서 알아야 할 것은 극단적인 금욕주의가 반드시 경건한 것은 아니라는 것입니다. 이것은 자기 혼자 거룩해지려고 많은 규칙을 만들어놓은 것에 불과합니다. 그러나 인간의 정욕이 얼마나 강한가 하면 이런 규칙으로는 절대로 죄를 이기지 못합니다.

여기 2절에 보면 '양심이 화인을 맞았다'라는 말이 나옵니다. 여기서 '화인'이라는 것은 짐승의 등에 낙인을 찍는 것을 말합니다. 어떤 목장 주인이 자기 목장 소의 등에 낙인을 찍어 놓으면 그 낙인이 지워지지 않는 이상 그 목장의 소가 되는 것입니다. 그런데 이런 사람들의 양심에는 마귀의 화인이 찍혀져 있었습니다. 그러니까 입으로는 아무리 경건을 떠들고 신앙을 떠들어도 결국은 마귀의 양심인 것입니다. 일단 마귀의 화인을 맞은 양심은 고치기 어렵습니다. 그런데 우리 주위에 마귀의 화인까지 맞은 양심을 가진 사람들이 있을까요? 얼마든지 있을 수 있습니다. 이런 사람은 마귀의 사상에 완전히 도장을 받은 사람들입니다. 그래서 아무리 이야기를 해도 앵무새같이 자기 이야기만 가지고 떠들어댑니다. 마귀의 도장 받은 사람을 빼내려면 불로 한 번 더 지져야 합니다. 한번 굉장한 불의 체험이 있어야 하는 것입니다.

어떤 의미에서는 사도 바울도 다메섹으로 가다가 예수님 만나기 전에는 마귀의 도장이 찍혔던 사람이었습니다. 그러나 살아계신 예수님을 만나는 뜨거운 체험을 하면서 그 마귀의 인은 타버리고 예수님의 도장이 찍혀지게 된 것입니다. 결국 우리에게 중요한 것은 우리 양심에 누구의 도장이 찍히느냐 하는 것입니다. 예수님의 도장이 찍혀야 하고 성령님의 도장이 찍혀야 합니다.

우리는 주님이 금지시키시지 않은 것을 자기 마음대로 지키면서 스스로 경건하다가 생각해서는 안 됩니다.

예를 들어서 직장이나 전공 분야 같은 것은 하나님이 주신 선물이기 때문에 특별히 거룩하거나 속된 것은 없을 것입니다. 모두 자기 적성에 맞는 것을 골라서 감사함으로 열심히 하면 되는 것입니다. 꼭 기독교 직장이라야 거룩하거나, 선교와 관계되어야 거룩하다고 생각할 필요는 없습니다. 우리의 마음속에 하나님의 진리로 충만하면 우리가 하는 모든 일들도 다 거룩해지게 됩니다. 그러나 신앙에 해로운 것까지 기도하면서 해야 할 필요는 없습니다.

"하나님의 지으신 모든 것이 선하매 감사함으로 받으면 버릴 것이

없나니 하나님의 말씀과 기도로 거룩하여짐이니라"(4-5절)

참 우리가 바른 신앙만 가지고 있으면 이 세상에서 버릴 것이 없습니다. 우리는 모든 것을 다 아름답고 귀하게 사용할 수 있습니다. 음악이나 미술이나 조각이나 문학이나 영어나 일어나 수학이나 태권도나 모든 것을 다 아름답게 사용할 수 있습니다. 추석이나 추도예배나 친교회나 모든 것을 다 유익하게 사용할 수 있습니다.

심지어는 어떤 미신을 믿는 사람들이 독에 쌀을 담아놓고 귀신을 섬기는데 교회에서 심방을 가서 권사님들과 집사님들이 그 독을 깨고 그 안에 있는 쌀을 버리지 않고 떡을 해 잡수셨다는 이야기를 들었습니다. 심지어 어떤 교회는 예배당 장소가 없어서 절로 사용하던 집을 사서 교회로 삼았다고 합니다. 그런데 나무에 배여 있는 향냄새를 없애는데 애를 먹었다는 것입니다.

육체의 연습과 경건.

사도 바울은 디모데에게 교인들을 거룩하게 하려고 자꾸 닦달질을 할 것이 아니라 말씀을 잘 가르치면 얼마든지 거룩하고 경건한 사람이 될 수 있다고 가르치고 있습니다.

"네가 이것으로 형제를 깨우치면 그리스도 예수의 선한 일군이 되어 믿음의 말씀과 네가 좇은 선한 교훈으로 양육을 받으리라"(6절)

바로 이것이 기독교 경건의 핵심입니다. 기독교 경건은 금욕주의를 훈련시키는 것이 아닙니다. 자꾸 형제를 바른 진리로 깨우치면 결국 진리가 그 사람을 바로 잡아서 그리스도의 선한 일군이 되게 하는 것입니다.

하나님의 백성들은 말씀을 먹지 못하면 사나워지게 되어 있습니다. 그 이유는 자기 자신이 변하지 않고 답답하기 때문입니다. 경건하려고 무지 애를 쓰는데 절대로 경건해지지 않으니까 다른 사람들 걸고 넘어지는 것입니다. 그러나 말씀을 잘 배우면 진리가 우리를 깨끗케 하고 우리를 담대하게 합니다.

여기에 보면 사도 바울이 두 가지를 피하여 경건에 이르기를 연습하라고 말씀하고 있습니다.

"망령되고 허탄한 신화를 버리고 오직 경건에 이르기를 연습하라. 육체의 연습은 약간의 유익이 있으나 경건은 범사에 유익하니 금생과 내생에 약속이 있느니라"(7-8절)

첫 번째로 버려야 할 것은 '망령되고 허탄한 신화'입니다. 이것을 이해하려면, 우리는 당시 젊은이들이 공부를 하는 것을 좀 알아야 합니다. 당대 로마인들의 청소년들은 오전에는 논리학이나 수사학 또는 역사나 고대 문헌 같은 것들을 공부를 하고 오후에는 무조건 체육관에 가서 운동을 해서 체력을 단련을 했습니다. 그런데 그리스 계통에서는 아마도 로마 신화를 공부해야 했던 것 같습니다. 심지어는 호머의 시 같은 것을 외우는 사람들도 많이 있었습니다.

사도 바울은 우리 그리스도인들이 세상의 학문을 완전히 등한시 할 수는 없지만 쓸데없는 신화 같은 것을 많이 공부해서 시간 낭비를 할 필요는 없다고 한 것입니다. 요즘은 대학의 커리큘럼들이 많이 정비가 되어서 학생들이 꼭 필요한 것만 배운다고 하지만 사실 중고등학교에서 이렇게 많은 과목을 배워야 하느냐 하는 데는 의문이 있는 것은 사실입니다. 그런데 과목을 뺄 수 없는 것이 선생님들의 문제가 연결되어 있기 때문입니다. 만약 그 중에서 주역이라든지 토정비결 같은 과목이 있을 때 그런 과목까지 우수한 성적으로 이수할 필요는 없는 것입니다.

즉 우리가 너무 이 세상에 충성되어서 쓸데없는 것까지 다 따라 열심히 해서 인정을 받으려고 할 필요는 없다는 뜻입니다. 좌우간 이 당시는 그리스 신화를 모르면 무식한 자로 여겨졌습니다. 그러나 그 내용들이라고 하는 것이 고대의 음담패설 같은 것이 많고 또 황당무계한 것이 많았던 것입니다.

그래서 신앙에 손해를 보면서까지 너무 공부를 잘 할 필요는 없다는 뜻입니다.

그리고 '육체의 연습'은 약간의 유익이 있다는 것은 전혀 운동을 하지 말라는 뜻이 아닙니다. 오히려 크리스천들은 건강의 유지를 위해서 운동을 정기적으로 해야 할 필요가 있습니다. 그러나 여기서 말하는 육체의 연습은 거의 광적으로 중독이 되어서 매달리는 것입니다. 예를 들어서 어떤 분은 목회자인데 너무 테니스를 광적으로 좋아해서 저 사람이 목회자인지 테니스코치인지 구별이 되지 안 될 정도라면 지나친 것입니다. 어떤 분은 너무 낚시를 좋아해서 예배시간도 빼먹고 낚시를 했다고 하는데 그런 것은 덕이 될 수가 없는 것입니다. 이것은 바둑도 마찬가지입니다. 교인들이 목사님 집에 갈 때마다 목사님이 다른 사람과 바둑을 두고 있다면 좋은 모습은 되지 못할 것입니다.

그런데 교인들 중에서 운동을 목적으로 동호회를 만들 때 주의를 해야 합니다. 너무 운동에 빠져서 그것이 하나의 파가 되거나 혹은 운동을 하면서 남을 흉보거나 혹은 세상 이야기에 빠질 때 덕보다는 손해가 많습니다.

그래서 무엇이든지 적당한 것이 좋지 지나친 것은 좋지가 않습니다. 어떤 분은 목회자인데 스포츠 광이어서 모든 운동선수들의 사생활이나 타율이나 최근 성적을 다 외우고 이야기가 나오기만 하면 그 이야기를 한다면 그 분은 아예 스포츠 해설가로 나가는 것이 나을 것입니다.

그러나 그렇다고 해서 결코 운동을 하지 말라는 뜻은 아닙니다. 특히 나이가 들어가면서 기도를 더 하고 성경을 더 읽을 것인가 아니면 운동을 할 것인가 하는 것이 갈등이 될 때가 있습니다. 이

럴 때에는 지나치지 않는 범위 안에서 규칙적으로 운동을 하는 것이 더 유익할 것입니다.

그러나 경건은 참으로 유익하고 중요한 것입니다. 여기서 말하는 경건이 무엇입니까? 하나님의 말씀을 듣는 것이며 하나님 앞에 개인기도 시간을 가지는 것입니다. 이것은 바로 내 영혼의 양식이며 축복이며 죄를 이기는 능력을 얻는 것입니다. 만약 육체의 연습이 취미 생활이라면 경건은 우리의 본업이 되는 것입니다. 그러나 이것은 연습이 필요합니다. 왜냐하면 우리 육체는 기도하는 것보다는 놀고 세상일을 하는데 더 길들여져 있기 때문에 이것을 하나님 앞에서 길을 들여야 하는 것입니다. 결국 시간을 내는 것이 가장 중요한 연습입니다. 그리고 말씀을 듣고 자기 스스로 기도하는데 훈련을 해야 합니다. 이것은 '금생과 내생에 약속이 있는 것이라'고 말씀하셨습니다.

> "미쁘다 이 말이여 모든 사람들이 받을만하도다. 이를 위하여 우리가 수고하고 진력하는 것은 우리 소망을 살아 계신 하나님께 둠이니 곧 모든 사람 특히 믿는 자들의 구주시라"(9-10절)

우리는 소망을 이 세상에 두어서는 안 되고 하나님께 우리 모든 소망의 근거를 두어야 합니다. 그렇다면 하나님 앞에서 가장 강력한 것은 경건의 능력입니다. 죄를 이기고 유혹을 이기고 하나님의 말씀과 기도로 충만한 것이 천국의 모든 복을 받는 비결인 것입니다. 우리는 여기에 진력을 다 해야 합니다.

진리로 자신을 연단하라.

우리는 하나님의 진리를 가르치고 배운다고 하지만 그 수준이라고 하는 것은 그야말로 천차만별인 것입니다. 아무 것도 모르는 일반인들이 도자기를 보면 다 잘 만든 것 같지만 전문가들의 눈에 보기에는 너무나도 많은 것들이 수준 미달일 때가 많습니다. 마찬가지로 우리가 성경에서 하나님의 보물을 캐낸다고 하지만 그 수준의 차이는 그야말로 하늘과 땅 차이인 것입니다.

그래서 말씀을 가르치는 자는 더 순수하고 더 완전한 하나님의 말씀을 캐내어서 교인들에게 나누어 줄 수 있도록 엄청나게 자신을 지성이나 성경을 보는 눈을 훈련시켜 나가야 합니다.

> "네가 이것들을 명하고 가르치라. 누구든지 네 연소함을 업신여기지 못하게 하고 오직 말과 행실과 사랑과 믿음과 정절에 대하여 믿는 자에게 본이 되어 내가 이를 때까지 읽는 것과 권하는 것과 가르치는 것에 착념하라"(11-13절)

'누구든지 네 연소함을 업신여기지 말라' 고 하는 것은 사람들 중에는 목회자를 하나님의 종으로 생각하지 않고 인간적인 연령이나 관계로 보려고 하는 사람들이 있습니다. '내 자식 또래인데 뭐'라든지 혹은 '내 새카만 후배군요'라는 식으로 말을 하는 것입니다. 그러나 하나님의 종은 나이로 일을 하는 것이 아닙니다. 오직 진리로 다스릴 뿐입니다.

법정에 가보면 아주 나이가 젊은 판사들이 있습니다, 그 중에서는 여성들도 많이 있습니다. 그러나 그 분들은 나이나 성별로 일을 하는 것이 아닙니다. 오직 법과 양심에 따라서 판결을 내릴 뿐입니다. 이것은 목사에게도 마찬가지입니다. 너무 사람들과 인간관계로 얽히는 것이 좋지 않을 수 있습니다.

목사는 인간관계로 교회를 다스리는 것이 아니라 오직 진리로 다스리는 것입니다. 특히 교인들에게 하나님의 말씀을 잘 가르치면 각자가 자기 할 일을 알아서 잘 합니다. 이것이 교회의 아주 중요한 원리입니다. 목자는 양떼들을 끌고 갈 때 줄을 매어서 끌고 가지 않습니다. 목자는 오직 목자의 소리로 양떼들을 인도하는 것입니다.

그러나 아무리 목자라고 하지만 말씀에 능통할 수는 없습니다. 처음에는 자기 자신도 성경을 잘 모르면서 가르쳐야 할 때가 많습니다. 어떤 때에는 자기도 잘 소화하지 못한 말씀을 주는 바람에 양떼들이 배탈이 나서 설사를 할 수도 있습니다. 그러나 계속 성경을 연구하고 이것을 설교로 만들고 설교하는 일을 열심히 해 나가야 합니다.

여기에 보면 '착념하라'고 했는데 이것은 자기 자신을 거기에

만 완전히 바치는 것을 말합니다. 그 이유는 다른 데 신경을 쓰면서 성경을 깊이 연구하는 것이 되지 않기 때문입니다. 성경은 거기에 자신의 모든 것을 다 바치는 자에게 열리게 되어 있습니다. 사람들은 모든 일에 다 잘 할 수가 없습니다. 그러나 교인들은 목회자가 만능맨이기를 바랍니다. 그러나 만능맨이라는 것은 가장 중요한 진리에 있어서 전문가가 되기 어렵습니다.

사도 바울은 이것을 다시 강조를 합니다.

"네 속에 있는 은사 곧 장로의 회에서 안수 받을 때에 예언으로 말미암아 받은 것을 조심 없이 말며 이 모든 일에 전심전력하여 너의 진보를 모든 사람에게 나타나게 하라" (14-15절)

이미 이때 장로회가 구성이 되어 있었고 거기서 목사에게 안수를 주었다는 것을 알 수 있습니다. 그때 장로들은 디모데에게 설교의 은사를 인정했던 것입니다. 이것을 아주 소중하게 생각해야 합니다. 왜냐하면 목회자는 오직 한 권의 책 성경만 가지고 목회를 해야 하기 때문입니다. 다른 길로 가면 이것은 변질되는 것입니다. 그리고 너의 성장을 나타내어라고 말을 했습니다.

왜냐하면 교인들은 목회자가 영적으로 성장한 만큼 자라기 때문에 목회자가 자라지 않으면 교인들은 절대로 자랄 수가 없기 때문입니다. 그래서 목회자는 자기 영혼이 말씀으로 자라도록 진보를 보여줄 수 있어야 합니다.

"네가 네 자신과 가르침을 삼가 이 일을 계속하라. 이것을 행함으로 네 자신과 네게 듣는 자를 구원하리라"(16절)

말씀을 연구하고 전하는 일을 계속 해야 합니다. 언제까지 해야 합니까? 끝까지 계속 해야 합니다. 이것이 우리가 사는 길이기 때문입니다. 더욱이 죄를 이기고 마귀를 이기고 하나님의 축복을 받는 길이 이것밖에 없기 때문입니다.

교회는 하나님의 가장 찬란한 보석상자입니다. 우리가 하나님의 보석이 될 수 있는 것은 조금도 오염되지 않는 순수한 말씀이 있기 때문입니다. 이런 축복된 삶이 모든 교인들에게 있으시기를 바랍니다.

05
아름다운 관계

딤전 5:1-25

예수님께서는 십자가 위에 달려서 돌아가시기 전에 어머니인 마리아를 자기 동생들에게 부탁하지 아니하시고 제자인 요한에게 맡기셨습니다. 예수님은 마리아에게 요한을 가리키면서 '아들입니다'라고 말씀하시고 요한에게는 마리아가 '네 어머니'라고 하셨습니다. 요한은 그 순간부터 예수님의 모친 마리아를 자기 친어머니처럼 집에 모시고 가서 살았습니다.

한번은 예수님께서 복음을 전하시면서 어느 집에서 사람들에게 말씀을 전하실 때에 가족들이 예수님을 데리러 왔습니다. 사람들은 예수님께 밖에 당신의 가족들이 당신을 만나러 와 있다고 하니까 예수님은 사람들을 돌아보시면서 '누가 내 모친이며 내 동생들이냐?' 하시면서 '누구든지 하나님의 말씀을 듣고 그대로 행하는 자가 내 모친이고 형제요 자매들이라' 고 말씀하셨습니다.

예수님께서는 우리가 예수를 믿음으로 예수 믿는 사람들끼리 새로운 인간관계가 형성될 것을 말씀하셨습니다. 그것은 우리 예수 믿는 사람들이 예수 안에서 한 가족이 되는 것입니다. 어떤 의미에서는 실제로 자기 가족보다 훨씬 더 가깝고 훨씬 더 친하고 훨씬 더 이해가 잘 되는 사이가 만들어지게 됩니다. 왜냐하면 우리가 예수 믿고 난 후에는 생각하는 것이 같아지고 서로 통하는 것이 많고 너무나도 서로를 좋아하게 되기 때문입니다.

우리가 이미 예수를 믿고 난 후에 큰 교회에서 만나면 이런 관계를 잘못 느낄 수가 있습니다. 그러나 아주 작은 교회에서 시골에서 도시로 올라온 학생들과 같이 먹고 자고 뒹굴어 가면서 신앙생활을 하면 가족이 따로 없습니다. 자기에게 말씀을 가르쳐 준 목사님이 영적인 부모이고 같이 신앙생활을 한 형제와 자매들이 정말 자기 누나 같고 자기 형이나 동생처럼 생각이 드는 것입니다.

이것이 교회를 아름답게 하는 가장 큰 축복입니다. 우리는 이 세상에서 잃어버린 것의 몇 배가 되는 가족을 예수 안에서 새로 만나게 되는 것입니다.

특히 오늘 시대는 이웃을 잃어버린 세대입니다. 옛날에는 앞집 뒷집 하면서 이웃은 정말 모든 것을 함께 나누는 가장 친하고 믿을 수 있는 사람이었습니다. 그러나 현대에 들어오면서 사람들은 이웃을 잃어버렸습니다. 아무리 아파트 옆집이나 아래위로 살아도 우리는 누가 사는지 모르고 그 집에 무슨 일이 일어났는지 전혀 관심을 가지지도 않습니다. 이것은 어떤 의미에서 철저한 인간 상실이라고 말할 수 있을 것입니다. 그러나 교회 안에서 우리는 잃어버렸던 새로운 이웃을 만나게 됩니다. 그래서 어려운 일이 있으면 서로 찾아가서 돕고 기도해주고 좋은 일이 있으면 같이 기뻐하고 축하를 해주게 됩니다.

그러나 우리가 막상 신앙생활을 해 보면 결코 쉽지 않은 문제도 나오게 되는 것을 보게 됩니다. 그 중에 하나가 우리가 그리스도 안에서 완전히 한 형제요 자매라고 한다면 실제적인 가족 관계를 완전히 배제해도 되느냐 하는 것입니다. 예를 들어서 누군가가 병이 들거나 사고를 당했을 때 가족들은 전혀 모르게 하고 교인들끼리만 책임을 지는 것이 옳으냐 하는 것입니다.

성경은 결코 그런 것이 아니라고 말씀하고 있습니다. 우리가 예수 안에서 한 형제요 자매가 되었다고 해서 기존 가족관계를 무시하거나 배척해서는 결코 안됩니다. 그렇게 되면 기독교는 남의 자식을 빼앗아 가는 이상한 집단이 될 것이며 자식들이 자기 부모도 공경하지 않는 비도덕적인 집단이 되고 말 것입니다. 그래서 우리가 예수 안에서 한 가족이나 형제이지만 육적인 가족관계를 무시하는 것은 아니라는 것입니다. 그래서 병들었거나 사고를 당했을 때 그 가족이 책임을 지게 하는 것이 옳은 것입니다. 그리고 나이가 들고 병든 분이 계실 때에도 자녀들에게 맡겨서 자녀들이 자기 부모님을 공경하도록 하는 것이 옳은 것입니다. 그러나 아무도 돌볼 자가 없고 그야말로 한 평생 교회를 위해서 수고하고 남을 위해서 많은 봉사를 한 분만 명부를 만들어서 돕지, 아무나 과부라고 해서 구제를 하지 말라고 명령하고 있습니다.

새로운 가족 관계.

> "늙은이를 꾸짖지 말고 권하되 아비에게 하듯하며 젊은이를 형제에게 하듯하고 늙은 여자를 어미에게 하듯하며 젊은 여자를 일절 깨끗함으로 자매에게 하듯하라"(1-2절)

아마도 이 말씀은 굳이 하지 않아도 우리가 다 알아서 하는 것을 다시 강조하느라고 말씀하시는 것 같습니다. 우리 예수 믿는 사람들은 모두 다 예수 그리스도 안에서 새로운 피조물입니다. 물론 우리가 다 완전히 변한 것은 아니지만 이미 우리 안에는 많은 변화가 있었고 하나님의 거룩한 성품이 심기어져 있습니다. 그래서 우리는 다른 어느 누구보다도 예수 믿는 사람들끼리 친밀하게 잘 통하게 되어 있습니다. 그러나 아무래도 비슷한 연령끼리가 잘 통하고 친밀하며 특히 말씀을 가르치는 사람과 배우는 사람 사이에 굉장히 가까워지게 됩니다. 그래서 때로는 나이 차이가 많이 나거나 직접 말씀을 가르치거나 배우는 사이가 아닐 때에는 거리감을 느낄 수 있습니다.

  그러나 그럴 수 있는 기회가 적어서 그렇지 누구나 한번 만나서 이야기를 나누어보면 다 한 마음이고 같은 성령이 계신다는 것을 알 수 있습니다.

  그래서 사도 바울은 노파심에서 이 말씀을 하는 것입니다. 교회 안에서 남자 노인이 계시면 꾸짖지 말고 아비에게 대하듯 공손하게 대하라고 말씀하고 있습니다. 왜 나이 드신 늙은이를 꾸짖었을까요? 아마 이 당시에는 신분의 차이가 있어서 그랬던 것 같습니다. 믿지 않는 사람들은 늙은 노인도 노예이거나 하인이면 꾸짖고 야단을 쳤던 것입니다. 그러나 그리스도 안에서는 그런 신분의 차이를 뛰어넘어서 노예든지 하인이든지 늙은이를 보면 부모를 대하듯이 공손하게 대하라는 것입니다. 아마 어떤 젊은이가 있는데 남의 하인이나 노예에게 공손하게 대하면 아마 사람들이 굉장히 신선한 충격을 받을 것입니다. 예를 들어서 옛날 조선시대에 양반 자제가 교회에서 상민인 노인을 보고 공손하게 대하면 아마 사람들은 정말 교회는 세상과는 다르구나 하는 것을 느끼게 될 것입니다.

  특히 예수 믿는 젊은이들이 자기 부모를 대할 때에도 공손한 것이 많이 필요합니다. 특히 부모님이 신앙을 반대하고 교회에 나가지 못하게 하실 때에 그런 반감 때문에 무조건 부모님에게 반항하기 쉬운데 공손하게 설명하면 어른들의 분노는 많이 가라앉게 되는 것입니다.

  그러나 굳이 노예나 하인이 아니라 하더라도 노인이 되면 소외

되기 쉽고 말상대도 적어지게 되는데 교회 젊은이들이 인사라도 따뜻하게 할 때 노인들은 힘이 나게 되는 것입니다. 특히 노인들과 젊은이들 사이에 대화가 잘 되지 않는 이유는 주로 노인들은 과거를 많이 이야기를 하고 또 했던 말을 또 하고 또 하는데 비하여 젊은이들은 미래를 이야기 해주기를 바라고 관심을 가지는 대상이 많이 다르기 때문입니다. 그럼에도 불구하고 노인들을 무시하지 않는 것이 참 중요한 것 같습니다.

독일 속담 중에는 늙은이들에게 행복을 위해서 젊은이들과 대화할 기회를 꼭 가지라고 말하고 있습니다. 늙은이들이 젊은이들과 대화가 되려면 자기 자신도 젊어지셔야 합니다.

그리고 젊은이들에게는 형제를 대하듯이 하라고 했습니다. 아마 비슷한 연령의 성도들은 가장 친하고 가장 가깝고 가장 잘 통하는 사이일 것입니다.

그러나 교회 안에서 조심해야 할 것이 있습니다. 그것은 가까울수록 예의를 지켜야 한다는 것입니다. 우리 예수 믿는 사람들은 모두 다 부화되고 있는 병아리들이고 만들어지고 있는 크리스털 유리병과 같습니다. 만약 교회에서 친하다고 함부로 대해서 마음에 상처가 생기게 되면 이 상처는 잘 아물지가 않게 됩니다. 특히 먼저 믿는 분들이 새로 믿는 분들을 이용하려고 하면 시험이 들게 됩니다. 무슨 금전적인 관계에 끌어들여서 시험에 빠지게 되면 신앙까지도 완전히 버리게 됩니다. 가끔 보면 교회 다니는 사람에게 사기를 당해서 교회를 안다닌다는 사람들을 보게 됩니다. 그래서 가까울수록 더 조심하고 예의를 지켜서 서로의 관계가 오래 유지될 수 있도록 해야 합니다. 그렇게 하려면 절제된 사랑을 해야 합니다.

늙은 여자를 어미에게 대하듯이 하라고 했습니다. 아마 교회 안에 나이 드신 할머니들이 많이 계신데 어떤 의미에서는 가슴에서 자녀들이 다 빠져 나가버렸습니다. 자식들을 키워놓으니까 마치 오리들이 물을 찾아가듯이 다 떠나버렸습니다. 그래서 얼마나 가슴이 허전한지 모릅니다. 그런데 가까이 해 드리고 인사도 해 드리고 잡수실 것도 드리면 마치 자식이 더 생긴 것처럼 기뻐하십니다. 그런데 노인에게 잘 해드리는 것은 큰 복입니다. 왜냐하면 노인에게 잘 해드리는 사람치고 나쁜 사람이 없고 노인에게 잘 해드리는 사람들이 정말 성격이 좋은 사람들입니다. 노인들이 힘은 없고 돈은 없지만 또 사람을 보는 눈은 정확할 때가 많습니다. 그래서 교회 안에서 할머니들에게 인정을 받지 못하는 사람은 문제가 있는 사람으로 생각을 해야 할 것입니다.

할머니들은 누가 꼬리를 치고 다니는지 누가 건달 같은 인간인지 한 눈으로 보면 금방 알 수 있습니다. 그래서 할머니들의 신앙이 깨어 있는 교회는 시험에 잘 빠지지 않습니다. 어떤 교회에서는 목사님이 너무 젊으시니까 나이 드신 할머니 전도사님 둘이서 완전히 보초를 서다 시피해서 목사님을 지켰다는 말도 들은 적이 있습니다.

그런데 역시 사도 바울이 젊은 여성들에게는 특별히 주의를 주고 있습니다.

 '젊은 여자를 일절 깨끗함으로 자매에게 하듯 하라' 기독교의 가장 무서운 점은 바로 남녀가 서로 형제자매처럼 서로 믿고 친밀하게 가깝게 지낼 수 있다는 점입니다. 그러나 역시 젊은 여자는 아름답고 젊기 때문에 서로가 유혹의 대상이 될 수 있습니다. 그래서 '일절 깨끗함으로' 라는 말을 덧붙여 놓고 있습니다. 즉 일체 어떤 유혹의 대상으로 생각해서는 안 되고 자기 자신도 유혹이 되어서는 안 된다는 것입니다. 만일 다른 여성도를 자기 누이로 생각한다면 좋지 않은 생각을 일체 할 수 없을 것입니다. 어떻게 누이에 대하여 나쁜 생각을 품을 수 있으며 오히려 좋은 사람 만나서 행복하기를 빌어주어야 되지 않겠습니까? 만약 교회가 윤리적으로 부패하거나 타락하게 되면 교회는 더 이상 교회가 될 수가 없습니다.

교회의 구제.

 초대 교회는 처음부터 교회 안에서 어려운 자들을 위해서 헌금을 하며 양식을 주며 구제하는 일들을 적극적으로 했습니다. 우리가 사도행전에 보면 오순절 예루살렘에서 시작된 초대 교회도 과부들을 구제하는 일을 적극적으로 했던 것을 알 수 있습니다. 이런 구제가 교회 안에서는 계속 되어 왔던 것 같고 사도 바울이 디모데에게 이 편지를 보낼 때에는 이미 과부에 대한 구제가 정착이 되어 있었던 것 같습니다. 그러나 사도 바울은 교회 안에서 과부나 늙은이라고 해서 아무나 구제하는 것이 아니라 엄격한 선을 그어서 정말 구제할 가치가 있는 사람들만 구제했던 것을 볼 수 있습니다.

우선 교회 안에서 '참과부'는 존경하라고 말씀하고 있습니다. 여기서 우리는 무슨 과부면 과부지 엉터리 과부가 있나 라고 생각하기 쉽습니다. 그래서 영어 성경에는 '정말로 도움이 필요한 과부'라는 식으로 번역을 한 것을 볼 수 있습니다. 그러나 우리는 이미 이때 참과부의 개념이 따로 정착되어 있었던 것을 알 수 있습니다.

5절에 "참과부로서 외로운 자는 하나님께 소망을 두어 주야로 항상 간구와 기도를 하거니와"라고 말씀하고 있습니다. 참과부는 그냥 남편만 죽었다고 해서 다 참 과부가 되는 것이 아니라 교회 안에서 오직 기도에 소망을 두고 주야로 기도에 자신의 모든 남은 열정을 다 쏟는 과부가 참 과부인 것입니다.

그리고 이런 사람들은 평소에도 아주 오랫동안 성도를 섬기는 일에 열심을 내었던 사람입니다.

"과부로 명부에 올릴 자는 나이 육십이 덜 되지 아니하고 한 남편의 아내이었던 자로서 선한 행실의 증거가 있어 혹은 자녀를 양육하며 혹은 나그네를 대접하며 혹은 성도들의 발을 씻기며 혹은 환

> 난 당한 자들을 구제하며 혹은 모든 선한 일을 좇은 자라야 할 것이
> 요"(9-10절)

그러니까 참과부는 그냥 남편이 죽은 과부가 아니라 평소에도 교회에서 봉사와 선한 일에 최선을 다해서 수고하고 결혼 생활에도 흠이 없는 사람인데 늙어서 교회 앞에 약속을 해야 합니다. 그것은 다른 일은 일체 하지 않고 오직 교회와 성도들을 위해서 기도하는 일에 남은 평생을 바치겠다고 서약했을 때 명부에 올리고 참과부로 인정을 하게 되는 것입니다. 그러니까 어떻게 보면 평소에 거의 옛날에 여전도사나 전도부인 같은 삶을 산 사람 중에서도 남은 삶을 온전히 기도에 바칠 사람만 참과부가 되는 것입니다.

그래서 나이가 드셨다고 해서 교회가 다 책임을 질 것이 아니라 자녀들에게 부모를 공경하게 교회가 가르쳐야 한다고 했습니다.

> "만일 어떤 과부에게 자녀나 손자들이 있거든 저희로 먼저 자기 집
> 에서 효를 행하여 부모에게 보답하기를 배우게 하라. 이것이 하나
> 님 앞에 받으실만한 것이니라"(4절)

노인 문제에 있어서 중요한 것은 교회가 모든 노인들을 다 책임지지 않는다는 것입니다. 부모를 모시는 문제는 자녀가 책임을 지고 효를 하도록 가르쳐주는 것이 하나님의 법도입니다. 그리고 이것을 책임지지 않으려고 하는 자는 불신자보다 더 나쁜 자라고 엄

하게 책망을 하고 있습니다.

"누구든지 자기 친족 특히 자기 가족을 돌아보지 아니하면 믿음을 배반한 자요 불신자보다 더 악한 자니라"(8절)

여기서 자기 친족은 부모나 할아버지 할머니 혹은 형제들을 말합니다. 예수를 믿든 믿지 않든, 부모나 할아버지 할머니를 책임지지 않으려고 하는 것은 인륜으로 있을 수 없는 일인 것입니다. 그런데 이제는 세상이 너무 악하여져서 자녀들이 자기 부모를 모시지 않으려고 합니다. 그러나 자녀들은 마땅히 자기 부모를 책임져야 합니다.

여기에 보면 늙은 과부인데도 일락을 즐기는 사람들이 있었던 것 같습니다.

"일락을 좋아하는 이는 살았으나 죽었느니라"(6절)

아마 이 늙은 과부는 기도는 하지 않고 이 집 저 집 놀러 다니는 과부였던 것 같습니다. 할 일은 없고 어떻게 하면 하루를 때울까 하는 마음으로 여기 기웃 저기 기웃거리는 늙은 과부들에 대해서 정말 심한 말씀을 하고 있습니다. '이는 살았으나 죽었느니라' 고 말씀하고 있습니다. 아예 산송장 취급을 하고 있는 것입니다. 사람이 늙었으면 인생을 잘 마무리를 하고 다음 세대에 무엇인가 가치 있는 것을 남겨줄 생각을 해야 하는데 놀기만 하는 사람은 아무 살 가치가 없다는 식으로 말씀하고 있습니다. 이것은 노인들에게 주시는 경고라고 생각하시기 바랍니다. 그래서 아 늙으면 기도를 가장 많이 해야 하는구나 라고 생각을 하셔야 합니다. 경로당 같은데 가서 화투나 치면서 하루를 보내고 노인들끼리 모여서 장기나 두면서 하루를 보내는 것은 이미 죽은 것이나 다를 바가 없다는 뜻입니다.

전에 제가 서울에 있을 때 구십이 다된 할아버지가 계셨는데 정말 기도를 열심히 하셨습니다. 매일 교회에서 새벽기도를 하시고 낮에는 노인들이 많이 모인 곳에 가셔서 전도를 하셨습니다. 치매가 있으셔서 한 번씩 예배 시간에 고함을 치시는 것 말고는 참 건강하셨습니다. 그런데 어느 날 주무시듯이 돌아가셨습니다. 참으로 아름다운 죽음이었습니다.

"만일 믿는 여자에게 과부친척이 있거든 자기가 도와주고 교회로 짐지지 말게 하라. 이는 참과부를 도와주게 하려 함이니라"(16절)

교회에서 참과부가 아닌 과부가 있을 때에는 가족이나 친척이 책임을 지게 하라고 말씀하고 있습니다. 굳이 과부가 아니라 하더라도 정신적으로 우울증이 심하다든지 혹은 무슨 병에 걸렸을 때에는 집에 알려서 식구들로부터 치료를 받게 하는 것이 옳습니다. 그렇게 하지 않으면 가족이 무책임하게 되고 교회는 교회대로 욕을 얻어먹게 됩니다.

그런데 사도 바울은 젊은 과부에 대해서는 아주 비판적인 것을 볼 수 있습니다.

> "젊은 과부는 거절하라. 이는 정욕으로 그리스도를 배반할 때에 시집가고자 함이니 처음 믿음을 저버렸으므로 심판을 받느니라. 또 저희가 게으름을 익혀 집집에 돌아다니고 게으를 뿐 아니라 망령된 폄론을 하며 일을 만들며 마땅히 아니할 말을 하나니 그러므로 젊은이는 시집가서 아이를 낳고 집을 다스리고 대적에게 훼방할 기회를 조금도 주지 말기를 원하노라. 이미 사단에게 돌아간 자들도 있도다" (11-15절)

사도 바울이 이 말씀을 했다고 해서 무슨 젊은 과부들에게 원한이 있는 것은 아닐 것입니다. 특히 우리나라에서는 옛날부터 젊어서 과부가 된 여성들이 집안이나 자녀 양육을 위해서 재혼을 하지 않고 수절하는 경우가 미덕으로 받아들여져 왔습니다. 특히 자녀들 문제 때문에 재혼을 포기하거나 혹은 아이가 있는 과부와 결혼하려는 상대가 없는 경우도 많았을 것입니다.

그래서 이 당시 문화와 우리 문화는 조금 다르다고 볼 수 있습니다. 이 당시 문화는 과부는 재혼을 하는데 전혀 문제가 되지 않았던 것 같습니다. 그런데 사도 바울이 맹렬하게 비난을 퍼붓는 대상은 젊은 과부로서 참과부 명부에 오른 경우를 두고 하는 말인 것 같습니다. 어떤 여인은 자신의 남은 평생을 교회와 교인들을 위한 기도에 바치겠다고 서약을 해 놓고 혼처만 생기면 그 서약을 헌신짝처럼 버리고 얼른 재혼하는 예가 많았던 모양입니다. 심지어는 '처음 믿음을 저버렸다'는 것을 보면 믿지 않는 사람과도 결혼을 하고 어떤 경우에는 자기 신앙까지도 팔아 먹어버리는 경우가 많이 있었던 것 같습니다. 어떤 경우에는 재혼은 하지 않는다 하더라도 게으름을 배워서 교회에서 주는 것으로 먹고 집집마다 돌아다니면서 온갖 되지 않은 소리를 다 하는 과부들이 있었던 것입니다. 쉽게 말해서 사도 바울은 몇 번의 경험을 통해서 젊은 참과부는 절대로 믿을 수 없다는 생각을 가지게 된 것입니다.

　우리나라에서는 처녀 신앙은 믿을 수 없다는 말을 하곤 하는데 사도 바울은 젊은 과부 신앙은 절대로 믿을 수 없다고 말을 하고 있습니다. 그래서 나이 제한을 60으로 못을 박아서 아예 젊은 참과부 제도는 없애라는 식으로 말씀하고 있는 것입니다. 우리에게는 이런 젊은 참과부이든 늙은 참과부이든 참과부 제도가 없어서 상관이 없습니다마는 이 당시에는 아주 예민한 문제였던 것 같습니다. 사도 바울은 젊은 과부에게는 교회 일을 하기보다는 결혼을 권하고 있습니다.

목회자에 대한 대우.

"잘 다스리는 장로들을 배나 존경할 자로 알되 말씀과 가르침에 수고하는 이들을 더할 것이니라. 성경에 일렀으되 곡식을 밟아 떠는 소의 입에 망을 씌우지 말라 하였고 또 일군이 그 삯을 받는 것이 마땅하다 하였느니라"(17-18절)

교인들은 말씀을 가르치는 종을 귀하게 생각을 해야 합니다. 그 이유는 교회 안에서 가장 중요한 것은 하나님의 말씀이 증거되는 일이기 때문입니다. 말씀을 전하는 자는 성경이 하나님의 금광인 줄 알고 그 속을 주야로 파고 들어가야 합니다. 그러나 교인들이 세상을 사랑하게 되면 목사의 직을 가소롭게 생각을 하게 됩니다. 왜냐하면 목사의 직분이 세상의 직업이 아니기 때문입니다. 그러니까 세상적으로 아무것도 아니라고 생각해서 무시하고 업신여기거나 자기 마음에 맞는 말을 해 주기를 요구를 하게 됩니다. 그러면 그 목사는 거짓 선지자가 되게 되고 그 교회의 영혼들은 다 죽고 마는 것입니다. 그래서 결국 자기 영혼이 살기 위해서는 말씀의 종을 존중해야 합니다.

그러나 그렇게 하는 사람은 말씀의 가치를 아는 사람입니다.

특히 교인들이 말씀의 가치를 알든지 모르든지 목사는 보호가 되어져야 합니다. 그러기 위해서는 그의 생활을 교회가 책임져야 합니다. 왜냐하면 성경 말씀은 다른 직업을 가지고는 제대로 연구할 수가 없기 때문입니다. 오직 이 말씀에 전념을 해야 제대로 설교가 만들어질 수가 있습니다.

목사는 성경을 연구하기 전에 자기 마음을 먼저 안정을 시켜야 합니다. 흥분되어 있거나 분노하고 있으면 성경을 연구할 수가 없습니다. 거기에만 전무할 수 있게 해 주어야 교인 자신들이 풍성할 꼴을 먹을 수 있습니다.

그래서 사도 바울은 구약 성경에서 '곡식을 밟아 떠는 소는 망을 씌우지 않는다' 는 말씀을 인용하고 있습니다. 추수하는 소는 다른 소와 달리 추수하면서 자기가 추수한 것은 얼마든지 먹을 수가 있는 것입니다.

그래서 목사가 교회에서 생활비를 받는 것을 부담스럽게 생각하지 말라고 말씀하고 있습니다.

그리고 장로에 대한 고소에 대하여 말씀하고 있습니다.

19절, "장로에 대한 송사는 두세 증인 없으면 받지 말 것이요" 라고 했습니다.

여기 장로는 목사는 말하는데 목사의 직분은 사탄의 가장 치열한 공격이 이루어지는 곳입니다. 왜냐하면 목사만 거꾸러트리면 교회를 들쑤시는 것은 문제도 되지 않기 때문입니다. 그래서 목사의 직은 어떤 누구의 막연한 추측이나 오해로 고소할 수가 없습니다. 어떤 사람이 설교에서 자기 이야기를 했다고 오해할 수도 있고 혹은 깎아 내리려고 하는 시기심도 있을 수 있기 때문에 반드시 두세 사람의 증인이 있어야 하고 구체적인 증거가 있어야 문제를 삼을 수 있습니다.

그리고 목사는 교회 안에서 범죄한 사람이 있을 때에는 반드시 꾸짖어서 사람들이 죄를 두려워하도록 만들어야 합니다. 특히 여기에는 대상을 차별하지 말라고 명령하고 있습니다.

"범죄한 자들을 모든 사람 앞에 꾸짖어 나머지 사람으로 두려워하게 하라. 하나님과 그리스도 예수와 택하심을 받은 천사들 앞에서 내가 엄히 명하노니 너는 편견이 없이 이것들을 지켜 아무 일도 편벽되이 하지 말며"(20-21절)

교회 안에서 청년이나 어린 아이들의 죄를 지적하고 책망하는 것은 쉬울 수 있습니다. 그러나 유력한 자나 돈이 많은 자를 책망하면 절대로 가만히 있지 않고 보복을 하려고 할 것입니다. 그래서 죄를 편벽되지 않게 하기가 쉽지 않습니다. 미국의 부흥을 일으켰던 조나단 에드워즈 목사는 자기 교회 안에서 좋지 않은 책을 읽은 젊은이들을 징계하고 명단을 발표했는데 이들이 모두 중직자들의 자녀들이었습니다. 결국 어른들의 반발로 조나단 에드워즈 목사는 그 교회를 사임을 하게 됩니다. 그리고 인디언들에게 가서 선교를 하다가 예일 대학 총장 초청을 받고 일하다가 부임한지 한 달 만에 예방주사 맞은 것이 잘못되어서 병으로 죽게 됩니다.

그래서 교회 안에서 징계 문제를 조심스럽게 해야 합니다. 교회 안에서 징계하는 목적은 상대방을 치는 것이 목적이 아니라 살려서 더 바르게 신앙생활 하도록 하는데 초점이 맞추어져야 합니다.

특히 안수를 조심해서 하라고 말씀하고 있습니다.

"아무에게나 경솔히 안수하지 말고 다른 사람의 죄에 간섭지 말고 네 자신을 지켜 정결케 하라"(22절)

안수를 함부로 하지 말하는 것은 아무나 쉽게 직분자로 세우지 말라는 것입니다. 왜냐하면 결국 준비가 되지 않은 직분자는 교회를 소란스럽게 만들기 때문입니다. 지금 한국 교회는 이 직분의 남발이 너무 심한 형편입니다.

직분을 얻고 난 후에는 아무 것도 하지 않고 교회에 문제만 일으키는 사람들이 참으로 많습니다.

또한 안수기도도 함부로 하게 해서는 안 됩니다. 안수 기도도 아무나 하게 해서는 안 되고 신중하게 해야 합니다. 왜냐하면 이런 것을 통해서 잘못된 신비주의가 설칠 수 있기 때문입니다.

아마도 디모데는 위장이 약했던 모양입니다. 그래서 약한 위장을 위해서 포도주를 좀 마시라고 권하고 있습니다. 어떤 사람이 이 구절을 가지고 목회자도 포도주를 마셔도 된다고 생각하는데 이것은 약으로 쓰라는 것이지 술로 마시라는 뜻은 아닌 것입니다.

그러면서 교회 안에서는 어떤 죄든지 다 드러나게 되어 있다고 말씀하고 있습니다. 왜냐하면 하나님의 말씀이 살아 있기 때문입니다. 그래서 교회는 죄를 이겨야 진정으로 영혼을 구원할 수 있는 곳이 될 수 있습니다.

　모든 교회들이 사랑과 진리로 아름답고 행복한 교회들이 되기를 바랍니다.

06
아름다운 생활

딤전 6:1-21

늦여름에 강원도 봉평을 가면 온 들판에 하얀 메밀꽃이 뒤덮고 있는 것을 볼 수 있습니다. 늦여름에는 특별히 다르게 피는 꽃이 없기 때문에 메밀꽃이 더 아름답게 느껴지는 것 같습니다. 우리의 신앙이 뿌리이고 줄기라면 우리의 꽃은 아름다운 생활입니다. 그래서 하나님의 백성들은 예배드리는 것만이 제사가 아니라 직장 생활을 하고 장사를 하고 아이를 키우는 것 자체가 살아있는 산 제사인 것입니다. 가끔 심방을 하다보면 교인들이 장사하는 가게나 직장을 방문할 때가 있습니다. 그러면 그 가게 안에서 장사하시는 모습이나 혹은 직장에서 일을 하는 모습이 그렇게 멋있고 대견하게 보일 수가 없습니다.

어떤 때에는 교회에서 보는 모습과는 완전히 다른 모습을 보게 되는 것입니다.

전에 교회에 나오는 한 자매가 있었습니다. 이 자매는 예수를 오래 믿은 것은 아니지만 주관이 세어서 교회에서는 다른 사람과 매사에 잘 부딪히는 편이었습니다. 그 자매가 옷가게를 하는데 한 번은 그 옷가게를 심방을 하게 되었습니다. 저는 그 옷가게에서 교회에서 본 것과는 완전히 다른 한 자매의 모습을 보게 되었습니다. 가게에서는 그 자매가 그렇게 상냥하고 그렇게 친절할 수가 없고 너무나도 부드러운 사람이었습니다. 그것을 보고서는 사람을 한 모습만 보아서는 절대로 바로 알 수 없구나 하는 생각을 하게 되었습니다. 그런데 그 자매의 가게는 백화점처럼 여러 가게가 있었기 때문에 자기 가게만 주일에 쉴 수가 없었습니다. 그런데 교회에서 은혜를 많이 받으니까 남이야 뭐라고 하든지 가게를 쉬고 온전히 교회에서 은혜를 나누는 일을 하는 것을 보았습니다. 우리 그리스도인들에게 눈부시게 아름다운 것은 바로 삶의 열매입니다. 우리의 신앙이 교회에서도 아름다웠는데 이것이 집에서도 아름답고 직장에서도 아름다울 때 그야말로 완전하게 아름다운 신앙이 되는 것입니다. 옛날에는 이런 모습들을 흔히 볼 수 있었습니다. 즉 성도들이 푸줏간 같은데서 웃으면서 열심히 고기를 파는 모습이나 빵 공장에서 기쁨으로 빵을 굽는 모습이나 대장간에서 열심히 철판을 두들기는 모습들은 또 아름다운 한편의 그림인 것입니다.

오늘 말씀은 우리 그리스도인들의 아름다운 신앙이 실제적인 삶을 통해서 어떻게 아름답게 꽃을 피울 수 있는가 하는 것을 교훈해주고 있습니다.

그리스도인들의 자기 인정.

우리가 예수를 믿으면 갑자기 영적인 신분이 급상승하게 됩니다. 즉 우리는 지금까지 마귀의 자녀로 있다가 한 순간에 천사보다 더 높은 하나님의 축복의 자녀들이 되어버리는 것입니다. 이것은 마치 거지로 있다가 한 순간에 귀족의 자녀로 입양되는 것과 같은 신분의 급상승인 것입니다. 그러나 실제로 이 세상에서의 우리의 신분은 옛날과 다름이 없습니다. 단지 하나님 앞에서 우리의 신분이 달라졌을 뿐입니다. 그래서 우리는 자칫 잘못하면 이 세상과 신앙 사이에서 갈피를 잡지 못하고 현실에 전혀 적응을 하지 못하는 사람이 되기 쉽습니다.

특히 우리 믿는 청년들 같은 경우에 교회에서 하나님의 말씀을 듣고 찬양하며 은혜 받을 때에는 세상에서 가장 존귀한 사람이 된 것 같은데 막상 현실로 돌아가면 직장에서 최말단이든지 아니면 아직 직장도 없는 실업자일 수 있습니다. 이때 자칫 잘못하면 자꾸 현실에서 도피하는 비현실적인 사람이 되기 쉽습니다. 그러면 이 세상에서 뿌리를 내릴 수가 없게 됩니다. 우리가 이 세상에서 새로 출발하게 되는 것은 자신의 현실을 인정하고 받아들일 때입니다.

"무릇 멍에 아래 있는 종들은 자기 상전들을 범사에 마땅히 공경할 자로 알지니 이는 하나님의 이름과 교훈으로 훼방을 받지 않게 하려 함이라"(1절)

옛날에는 많은 크리스천들의 신분이 노예의 신분이었습니다. 만일 노예인 형제나 자매가 자신이 노예라는 것을 인정하지 않으면 이 세상에서 일체 진도가 나갈 수 없습니다. 우리가 이 세상에서 출발하게 되는 것은 세상적인 자신의 신분을 인정할 때부터입니다. 우리는 자신을 노예라고 인정하면 완전히 한 평생을 노예의 인격으로 살 것처럼 생각하기 쉬운데 결코 그렇지 않습니다. 거기서부터 출발을 하게 되면 일단 다른 사람들이 나를 대하기가 편해지게 됩니다. 왜냐하면 내가 내 자신을 인정하기 때문입니다. 그리고 노예로서 사랑받게 되고 어떤 때에는 노예 이상의 인정을 받게 되기도 하는 것입니다. 그래서 우리가 현실적인 나 자신을 인정하는 것은 이 세상에 대한 출발점으로 아주 중요한 것입니다. 그러니까 어떤 크리스천이 노예인데 자기 주인에게 아주 충성되게 섬기게 되면, 그것은 부끄러운 것이 아니고 오히려 더 보기가 좋고 더 자신감이 있어 보이고 더 아름답게 보이는 것입니다. 이것이 더 당당한 것입니다. 우리가 다른 사람에게 고개를 숙이는 것은 결코 비참하거나 비굴한 것이 아닙니다. 오히려 그만큼 더 자신이 있기 때문에 고개를 숙이고 순종할 수 있는 것입니다.

특히 상전이 믿는 형제일 때 더 충성을 다하라고 말씀하고 있습니다.

"믿는 상전이 있는 자들은 그 상전을 형제라고 경히 여기지 말고 더 잘 섬기게 하라. 이는 유익을 받는 자들이 믿는 자요 사랑을 받는 자임이니라. 너는 이것들을 가르치고 권하라"(2절)

우리는 흔히 사람의 욕심이라는 것이 한이 없다는 말을 많이 합니다. 즉 우리는 한 가지가 해결되면 그것으로 만족을 하는 것이 아니라 두 가지를 더 욕심을 내게 됩니다. 그래서 끊임없이 욕심을 내고 불만을 가지는 것이 자기를 발전시키는 방법이라고 생각하기 쉽습니다. 그러나 우리는 그렇게 해서는 안 됩니다. 예를 들어서 믿는 상전일 경우 다른 것은 몰라도 신앙 하나만은 인정해줄 것입니다. 노예로서 주인이 신앙 하나 인정해준다는 것은 다른 어떤 것보다 귀한 것입니다. 그래서 다른 것들은 다 손해보고 다른 것들은 다 잃어버린다고 할지라도 신앙의 자유가 있다는 것만으로 더 기뻐하고 감사할 수 있어야 합니다. 그러나 사람들은 한 가지로 만족하지 못하고 신앙의 자유가 주어지면 더 노는 시간이 많아지기를 바라고 그 다음에는 먹을 것을 더 개선해주기를 바라고 그 다음에는 일도 제대로 안 해도 되기를 바랄지 모르겠습니다.

그러면 아무리 주인이 믿는 자라 할지라도 마음이 상하게 되고 그러면 그것이 다른 사람들에게 피해로 돌아갈 수가 있습니다.

그런데 믿는 상전을 만난 자체만으로 더 감사하고 다른 불만 없이 더 열심히 섬기면 분명히 주인이 더 기분이 좋아지게 되어 있습니다. 특히 그 혜택이 누구에겐가는 반드시 돌아가게 되어 있고 그 때문에 모든 가족들이 훨씬 더 행복하게 지낼 수가 있게 되는 것입니다. 그런데 예수 믿는 노예 하나가 요령을 피우는 바람에 그 노예는 괜찮지만 다른 노예들이 다 혼이 나게 된다면 결국 그것은 자기에게도 좋지 않게 되는 것입니다. 즉 예수 믿는 사람이 남에게 조금이라도 도움이 되는 존재가 되고 유익을 끼치는 존재가 되어야 하는 것입니다.

아름다운 생활은 바른 말씀에서 나온다.

어쩌면 이 말씀이 가장 먼저 서두에 나와야 할 것 같은데 중간에 나오고 있습니다. 아마 사도 바울이 편지 끝부분이 되니까 생각나는 대로 불러 적은 것 같습니다.

"누구든지 다른 교훈을 하며 바른 말 곧 우리 주 예수 그리스도의 말씀과 경건에 관한 교훈에 착념치 아니하면 저는 교만하여 아무 것도 알지 못하고 변론과 언쟁을 좋아하는 자니 이로써 투기와 분쟁과 훼방과 악한 생각이 나며 마음이 부패하여지고 진리를 잃어버려 경건을 이익의 재료로 생각하는 자들의 다툼이 일어나느니라"(3-5절)

여기에 보면 우리 신앙을 '주 예수 그리스도의 말씀과 경건에 관한 교훈' 두 가지로 말씀하고 있습니다. 아마 초대 교회 때에는 예수님의 말씀이 그대로 전수되고 있었던 것입니다. 영화 쿼바디스도 보면 로마의 크리스천들이 모이는 카타콤에 베드로가 와서 설교를 하는데 예수님의 산상 수훈을 그대로 가르치는 것을 볼 수 있습니다. 그런데 예수님의 그 말씀만 들어도 너무나도 가슴이 벅차고 은혜가 넘치는 것을 느낄 수 있습니다.

그래서 이 당시에는 바른 말씀이라고 하면 예수님이 가르치신 복음과 사도들이 경건에 대하여 가르친 교리 이 두 가지로 되어 있었던 것을 알 수 있습니다. 우리는 복음과 교리 이 두 가지가 우리 신앙을 얼마나 윤택하게 하고 풍성하게 하는지 알 수 있어야 합니다. 복음은 그야말로 권세 있는 선포입니다. 복음 앞에서는 사탄의 세력은 벌벌 떱니다. 그리고 신앙이 약하던 자들은 벌떡벌떡 힘을 내게 됩니다. 그러나 교리는 우리를 또한 아주 섬세하게 빚어서 완전한 하나님의 사람이 되게 합니다. 그래서 이 두 가지에 착념을 하라고 말씀하고 있습니다. '착념하라'고 하는 것은 이 두 가지만 붙잡으라는 것입니다. 그러면 교회가 부흥되고 축복의 역사가 나타나게 됩니다.

그러나 바른 하나님의 말씀을 붙들지 아니하면 그때부터는 다툼과 분열이 나타나게 됩니다. 그 이유는 바른 복음과 교리가 없으면 교인들이 변하지 않기 때문입니다. 우리는 다 이리가 양으로 변해야 하는데 말씀이 없으면 이리의 본성이 그대로 있기 때문에 사납게 됩니다. 또한 하나님의 말씀이 우리 영혼의 양식인데 말씀을 먹지 못하면 굶주리게 되기 때문에 침체가 되고 기쁨이 없어지게 됩니다. 그러면 사랑이 없어지기 때문에 서로의 작은 이견을 극복하지 못해서 자꾸 다투게 됩니다. 더 무서운 것은 아예 신앙이 냉소적으로 변해버리는 것입니다. 그러면 모든 것을 부정적으로 보고 비판적으로 보게 되기 때문에 일단 자기 자신의 영혼이 병들게 됩니다.

특히 우리는 계속 하나님의 말씀이 있기에 교만하지 않고 죄도 자꾸 회개하게 되는데 말씀이 없으면 자기도 모르게 부패하게 됩니다. 부패가 무서운 것은 전혀 자신이 모르는 가운데 진행된다는 것입니다. 나중에 정말 많이 부패해서 냄새가 날정도 같으면 이것은 썩어도 완전히 썩은 것입니다.

5절에 보면 '진리를 잃어버려' 라는 말씀이 나옵니다. 교회가 잃어버리는 것 중에서 가장 심각한 것이 진리를 잃어버리는 것입니다. 교회가 진리를 잃어버리면 어디에서 찾겠습니까? 아마 등불을 켜고 온 시내를 돌아다녀도 한번 잃어버린 진리를 다시 찾기 어려울 것입니다. 교회가 한번 진리를 잃어버리면 다시 찾는 것은 너무나도 어렵습니다. 그 이유는 우선 본인들이 느끼지 못하기 때문입니다. 일단 믿는 외모를 취하고 있기 때문에 진리를 잃어버렸다는 것을 느끼지 못합니다. 그리고 또 하나는 진리의 그 자리를 다른 것이 채우게 됩니다. 그것이 무엇입니까? '경건을 이익의 재료로 생각한다'고 했습니다. 즉 신앙이 돈벌이가 되는 것입니다. 경건을 이용해서 자리를 차지하고 경건을 빙자해서 자기 잇속을 채우는 자들이 그 자리를 차지하게 되는 것입니다.

　예수님이 예루살렘 성전에 올라가셨을 때 성전에는 장사하는 자들이 성전을 다 차지하고 있었습니다. 그러니까 제대로 된 제사가 드려질 수가 없었던 것입니다. 그래서 교회에서 무슨 물건을 팔고 사는 것은 아주 조심을 해야 합니다. 교회는 무조건 죄인들이 하나님 앞에 나아와서 말씀 듣고 은혜 받는 곳이 되어야지 다른 목적이 생기게 되면 결국 부패하게 되어 있습니다.

　교회에 하나님의 말씀이 없어지면 세상의 사교 단체와 다를 바가 없어지게 됩니다. 그러면 이미 그 안에 하나님의 영광은 없는 것입니다. 그리고 영혼을 살리는 역사가 없다고 보아야 합니다.

모든 욕심을 버리라.

　결국 하나님의 백성들은 경건을 택할 것인가 아니면 돈을 많이 벌 것인가 둘 중의 하나를 택해야 할 입장에 있습니다. 예수님께서도 두 주인을 섬길 수 없다고 말씀하셨는데 과연 나의 주인은 누구인가 하는 것입니다.

"그러나 지족하는 마음이 있으면 경건이 큰 이익이 되느니라" (6절)

우리가 자칫 잘못 생각하면 사도 바울이 모든 부를 다 포기하고 오직 경건만 택하라고 말씀하시는 줄 생각하기 쉽습니다. 그러나 사도가 말씀하는 핵심은 돈을 다 버리라는 것이 아니라 욕심을 어느 쪽에 두느냐 하는 것입니다. 즉 경건에 욕심을 낸다면 아무래도 경건을 위해서 시간을 내어야 하니까 돈 버는 일에 모든 정열을 다 바치지 못할 것입니다. 반면에 돈을 버는데 욕심을 부리면 하나님의 말씀이 귀에 들어오지 않을 것입니다.

이때 우리는 적당하게 욕심을 부린다는 것을 기억을 하면 좋겠습니다. 우리가 이 세상일에 전혀 욕심이 없다고 하면 거짓말일 것입니다. 우리는 이 세상 일로 다른 사람들의 인정을 받고 이 세상의 성공을 가지고 생활수준이 달라지게 됩니다. 그러나 세상 일에 욕심을 내게 되면 신앙적으로 엄청난 마이너스를 보게 되어 있습니다. 그러니까 세상일은 하나님이 주시는 능력 안에서 최선을 다하는 것이 중요합니다. 하나님이 주시지 않는 것을 욕심내면 신앙적인 손해를 보게 될 것입니다. 그 대신 신앙적으로는 좀 더 욕심을 내는 것입니다. 기도도 좀 더 뜨겁게 하고 말씀 듣는 시간도 좀 더 내려고 애를 쓰는 것입니다. 저희 교인들 중에서 주중 예배에 빠지지 않는 분들은 거의 사실 사회생활을 포기하신 것입니다. 그러나 그들은 그만큼 남들이 모르는 천국의 보화를 챙기시는 것입니다.

옛날 믿음의 선배들은 우리에게 '경건을 위해서 투자를 하라' 고 말씀 하십니다. 시간도 투자를 하고 세상일을 손해를 보라고 했습니다. 그렇게 할 때 정말 천국의 노다지를 가지게 되는 것입니다.

"우리가 세상에 아무것도 가지고 온 것이 없으매 또한 아무 것도 가지고 가지 못하리니 우리가 먹을 것과 입을 것이 있은즉 족한 줄로 알것이니라"(7-8절)

우리가 세상에서도 많이 듣던 말씀을 또 듣게 됩니다. 즉 우리가 이 세상에 올 때 빈손으로 왔고 갈 때도 빈손으로 가게 될 것인데 그렇게 많이 가져서 무엇을 하느냐 하는 것입니다. 그저 먹을 것만 있고 입을 것만 있으면 되는 것이지 골치 아프게 왜 많은 것을 가지려고 하느냐 하는 것입니다.

우리에게 부가 필요한 것은 사실 가족이 있기 때문입니다. 특히 자녀가 있기 때문에 돈이 필요할 때가 많습니다. 만일 우리가 독신으로 혼자 산다면 그야말로 돈은 필요가 없을 것입니다. 혼자 사는데 잘 먹으면 무슨 소용이 있으며 잘 입으면 무슨 소용이 있겠습니까? 그나마 가족이 있으니까 집이 필요하고 돈이 필요하며 자식이 있으니까 교육이나 시집 장가보내기 위해서 돈이 필요한 것 아닙니까? 성경은 이것마저 죄라고 말씀하시는 것은 아닙니다. 그러나 가장 좋은 자식 교육은 부모가 신앙생활을 잘 하는 것입니다. 그리고 자신에게 물려줄 수 있는 최고의 유산도 신앙으로 사람을 잘 키우는 것입니다. 그러면 돈이 좀 적게 있어도 충분히 가치 전달이 될 것입니다.

성경은 부자가 되려고 하는 것에 대하여 굉장히 비판적으로 말씀하고 있습니다.

> "부 하려 하는 자들은 시험과 올무와 여러 가지 어리석고 해로운 정욕에 떨어지나니 곧 사람으로 침륜과 멸망에 빠지게 하는 것이라. 돈을 사랑함이 일만 악의 뿌리가 되나니 이것을 사모하는 자들이 미혹을 받아 믿음에서 떠나 많은 근심으로써 자기를 찔렀도다"(9-10절)

우선 왜 부자가 되려고 하는 것이 시험과 올무와 여러 가지 정욕에 떨어지게 할까요? 일단 돈을 많이 가지게 되면 사람은 정직하기 어렵습니다. 거기에다가 돈에 대한 욕심이 생기면 돈을 뿌리치기가 굉장히 어렵게 됩니다. 그러니까 공직 생활을 하는 사람에게 있어서 돈의 유혹을 뿌리친다는 것은 그야말로 투철한 사명감이 없는 한 불가능합니다. 그러나 이것이 들통이 나면 인생을 망치게 되는 것입니다. 그래서 하나님의 백성들은 자신의 삶에 대해서 생각을 해야 합니다. 그리고 다른 사람들로부터 바보소리를 듣더라도 자신이 생각했던 그 아름다운 삶의 설계도대로 자신을 만들어 나가야 합니다. 그런데 돈 욕심이 생기면 아름다운 인생 그림을 망치게 되는 것입니다. 나중에는 침륜에 빠지는데 이것은 자포자기 상태가 되어서 더 이상 세상을 저항하지 못하고 정복이 되어버린 것입니다. 그래서 우리 믿는 성도들은 분명한 자신의 삶의 밑그림을 그리고 다른 사람들이 아무리 '미친 놈'이라고 욕을 해도 거부할 것은 거부하고 잘라버릴 것은 잘라버려야 끝까지 자기 자신을 지켜나갈 수 있습니다. 사도 바울은 돈을 사랑하는 것이 일만 악의 뿌리라고 말씀했습니다. 그 이유는 돈 때문에 양심도 팔게 되고 친구도 배신하게 되고 나중에는 진리도 팔아먹게 되기 때문입니다.

한때 우리나라에서는 돈을 더 벌 욕심으로 주식 투자를 한다고 친구나 친척들의 돈을 끌어 들였다가 많은 손해를 보게 한 일들이 있었습니다.

여기에 보면 '많은 근심으로 자기를 찔렀다'고 말씀하고 있습니다. 결국 돈을 좋아하는 것이 자기 무덤을 파는 것이고 자기 가슴을 자기 손으로 찌르는 것입니다. 그러면 돈은 무조건 나쁜 것입니까? 결코 그렇지 않습니다. 바르게 벌고 바르게 쓰는 것은 하나님의 축복입니다. 그래서 일단 하나님의 백성들이 불로소득을 좋아하면 안 됩니다. 반드시 땀을 흘려서 돈을 벌어야 하고 그렇게 해서 번 돈은 하나님의 선물이요 축복인 것입니다.

믿음의 선한 싸움을 싸우라.

가끔 우리 신앙생활에 전투적인 표현들이 나오는 바람에 믿지 않는 사람들이 왜 예수 믿는 사람들은 이렇게 공격적인가 하는 의문을 가질 때가 있습니다. 그러나 예수 믿는 자들이 결코 호전적이나 공격적인 것이 아닙니다. 단지 우리가 이 세상의 대세를 거스려 살려고 하는 몸부림을 그렇게 표현하고 있는 것입니다. 물고기들은 언제나 물을 거스려 올라갑니다. 마찬가지로 우리는 이 세상에서 다른 사람들이 하는 것을 거스려 올라가야 제대로 신앙을 지킬 수 있습니다.

"오직 너 하나님의 사람아 이것들을 피하고 의와 경건과 믿음과 사랑과 인내와 온유를 좇으며"(11절)

여기서 우리의 칭호가 바뀌게 됩니다. 우리를 '너 하나님의 사람아'라고 부르고 있습니다. 우리는 이 세상 사람이 아니고 하나님의 사람입니다. 우리는 다른 사람들과 소속이 다르고 살아가는 방식이나 목적이 다 다른 사람들입니다. 예를 들어서 천사들에게 이 세상에서 돈을 많이 벌게 한다면 미친 짓이라고 할 것입니다. 왜냐하면 천사들에게는 돈이 전혀 필요가 없기 때문입니다. 그런데 하나님의 사람들에게 '이것들을 피하라'고 말씀하고 있습니다. 이것은 '돈을 버는 것'입니다. 돈을 많이 버는 것을 피하고 의와 경건과 믿음과 사랑과 인내와 온유를 좇으라고 말씀하고 있습니다. 우리는 누군가가 이런 말을 하면 과연 그 사람이 제 정신으로 이런 말을 할까 의심이 될 것입니다. 왜냐하면 이 세상에서 돈을 많이 버는 것이 얼마나 중요하고 또 돈이 얼마나 필요한 것입니까? 그런데 돈 버는 것을 피하고 쓸데없는 의나 경건이나 사랑 같은 것만 잔뜩 가지면 무슨 소용이 있겠습니까? 그러나 천국의 화폐는 전부 이런 것으로 되어 있습니다. 즉 이 세상의 돈은 달러나 원화 같은 것으로 되어 있고 또 만원, 십만 원, 천만 원 하는 식으로 되어 있지만 천국에는 돈 단위가 없습니다. 전부 사랑과 인내와 의와 경건 같은 것이 통용이 되지 돈은 일체 소용이 없습니다.

그래서 하나님 앞에서 기도 응답받는데도 돈은 필요가 없습니다. 그저 믿음만 있으면 충분한 것입니다. 오히려 돈이 많은 것이 기도에는 방해가 됩니다. 왜냐하면 돈이 많은 사람은 돈을 믿지 기도의 능력을 믿지 않기 때문입니다.

'의와 경건과 믿음과 사랑과 인내와 온유' 는 성령의 열매들입니다. 우리 안에 이런 열매들이 생기는 것은 우리 자신이 하나님의 사랑으로 변했기 때문입니다.

> "믿음의 선한 싸움을 싸우라 영생을 취하라 이를 위하여 네가 부르심을 입었고 많은 증인 앞에서 선한 증거를 증거하였도다"(12절)

우리가 선한 싸움을 싸워야 하는 이유는 우리는 거룩한 하나님의 백성이 되었기 때문입니다. 우리가 싸워야 할 것은 더 가지기 위해서가 아니라 우리의 것을 지키기 위해서입니다. 첫째로 우리는 하나님의 말씀을 지켜야 합니다. 왜냐하면 끊임없이 세상의 엉터리 교훈이 교회 안으로 마구 파고 들어오기 때문입니다. 그래서 하나님의 말씀 때문에 무식해져야 하는 것입니다. 그리고 우리는 오직 믿음으로만 살아야 합니다. 여기서 믿음으로 산다는 것은 성경대로 살아서 축복받는 것을 의미합니다. 우리는 때로 하나님을 믿어도 일의 진척이 없을 때 세상적인 방법으로 살고 싶을 때가 많을 것입니다. 그러나 그러면 입으로 아무리 믿음을 부르짖어도 소용이 없습니다. 그 믿음은 이미 세상으로 떠내려간 믿음인 것입니다.

마지막으로 사도바울은 하나님에 대한 아주 놀라운 증거를 하고 있습니다.

> "기약이 이르면 하나님이 그의 나타나심을 보이시리니 하나님은 복되시고 홀로 한 분이신 능하신 자이며 만왕의 왕이시며 만주의 주시요 오직 그에게만 죽지 아니함이 있고 가까이 가지 못할 빛에 거하시고 아무 사람도 보지 못하였고 또 볼 수 없는 자시니 그에게 존귀와 영원한 능력을 돌릴찌어다 아멘"(15-16절)

갑자기 하나님을 예찬하고 있습니다. 그 이유는 우리는 이 세상 사람들이 아니고 하나님의 사람들이기 때문입니다. 하나님은 홀로 한 분이시고 능하신 분이십니다. 다른 어떤 신도 신이 아닙니다. 하나님은 어느 누구도 가까이 할 수 없는 빛 가운데 계신데 예수님이 그 하나님으로부터 오셨고 우리를 그 빛으로 인도하셨습니다.

우리는 영원하신 하나님을 향하여 가야 하는 것입니다. 우리는 어두움을 향해서 가서는 안 되고 빛을 향해서 나가야 합니다.

돈이나 썩어질 세상의 명예를 뒤로 하고 자꾸 하나님을 향해서 나아가는 신앙이 되어야 합니다.

그렇게 하기 위해서 다시 두 가지를 조심하라고 합니다. 하나는 역시 돈을 사랑해서는 안된다는 것입니다. 17절에 '네가 이 세대에 부한 자들을 명하여 마음을 높이지 말고 정함이 없는 재물에 소망을 두지 말고'라고 했습니다. 돈은 이 세상에서 우리를 든든하게 지켜줄지 몰라도 하나님 앞에서는 아무 소용이 없습니다. 차라리 가난해도 믿음이 더 뜨겁고 순수한 것이 더 부요한 것입니다. 그리고 20절에 '거짓되이 일컫는 지식'을 피하라고 했습니다. 여기 거짓되어 뒤에 '그노시스'라고 해서 영지주의라는 단어가 나옵니다. 이 영지주의는 그리스의 신비주의의 영향을 받은 것입니다. 여기에는 망령된 말이 많고 믿음에서 벗어난 것입니다. 거짓된 지식은 너무 영적이어서 생활을 인정하지 않습니다. 어떻게 보면 아주 신앙이 좋은 것 같지만 실제로는 너무나도 보기 싫은 게으름에 빠지는 것입니다.

우리는 언제나 아름다운 생활과 신앙을 잘 지켜나가는 성도들이 되어야 할 것입니다.

누구든지 네 연소함을 업신여기지
못하게 하고 오직 말과 행실과 사랑
과 믿음과 정절에 대하여 믿는 자에게
본이 되어 내가 이를 때까지 읽는 것과
권하는 것과 가르치는 것에 착념하라.

디모데전서 4:12-13

BEAUTIFUL CHURCH LIFE

2부
디도서 강해

01
아름다운 지도자

딛1:1-16

대학 캠퍼스에서 선교 활동을 하는 선교 단체에서는 리더의 양육이 아주 중요합니다. 그래서 1학년이 들어오면 일 년 동안 부지런히 양육을 해서 2학년이 되면 이미 리더로 세워야 합니다. 왜냐하면 리더는 열매가 달리는 가지와 같기 때문에 결국 리더가 양육되어 있지 않으면 아무리 열매를 맺으려고 해도 열매를 얻을 수가 없기 때문입니다.

또한 고아원에서는 한 사람의 보모가 여러 명의 아이들을 돌보게 됩니다. 고아원에서는 결국 집에서 엄마가 아이 하나를 두고 세심하게 돌보는 것처럼 할 수 없기 때문에 아이들이 정서적으로 여러 가지로 결핍된 상태에 있게 되는 것입니다. 사람들은 정서적으로 한 가지만 부족해도 더 이상 자라지를 않습니다.

　이것은 요즘 중국 선교하는 분들이 아주 심각하게 생각하고 있는 문제이기도 합니다. 지금 중국에서는 많은 복음화가 이루어지고 있는데 공산정권이 종교의 자유를 꽉 쥐고 있기 때문에 종교 지도자 양성에 어려움이 있는 것입니다. 즉 복음화가 이루어지고 있는 만큼 지도자가 배출이 되지 않는 것입니다. 아무리 복음화가 이루어진다 하더라도 지도자들이 제대로 충분히 배출이 되지 않으면 교인들은 더 이상 영적으로 성숙이 되지 않게 됩니다. 그러면 중국 정부는 기독교가 그렇게 힘을 발휘하지 못할 것이라고 보는 것 같습니다.

　그런데 교회에서 지도자를 세우는데 중요한 조건은 그의 영적인 능력이나 열심이 아닙니다. 가장 중요한 것은 그의 도덕성입니다. 왜냐하면 도덕적으로 깨끗하지 못하면 그가 키운 사람들 자체가 한꺼번에 시험이 들어서 무너져버리기 때문입니다.

　그리스 신화를 보면 옛날 그리스 시대에 가장 문화가 발달되었고 가장 정치적으로 강한 곳이 섬나라인 그레데였습니다. 이 그레데라는 곳은 지중해 한 가운데 떠 있는 섬인데 그리스로 치면 남쪽 바다 한 가운데 있는 큰 섬이었습니다. 옛날에는 이 섬에 미노스 신전이 있었고 그리스 전체의 맹주가 되어서 큰 영향력을 발휘를 하였습니다. 그러다가 이상하게 갑자기 이 미노스 문명이 멸망해 버립니다. 그래서 그레데 섬이 별 볼일 없는 섬이 되어버립니다. 그런데 차츰 이 그레데 섬에 많은 사람들이 예수를 믿게 되어서 기독교인들이 되었습니다. 그러나 이 섬에 신앙적인 지도자들이 별로 없으니까 어떻게 보면 마치 고아원과 같았습니다. 즉 자기들끼리 신앙생활을 한다고 하니까 도저히 신앙이 자라지 않고 믿지 않는 자들과 다를 바가 별로 없었던 것입니다. 이때 사도 바울은 디도를 이 섬에 남겨두어서 지도자들을 많이 훈련해서 세우게 했습니다. 사도 바울은 이 지도자들을 감독이라고 부르고 있습니다. 즉 교회 안에서 도덕적으로 깨끗한 지도자들이 세워져 있을 때 교인들은 그의 인품이나 신앙을 닮아가게 되어 있고 결국은 그 가지에 많은 열매가 맺히게 되는 것입니다.

말씀의 직분.

농사를 짓는 사람에게는 농사짓는 기술도 중요하지만 결국 중요한 것은 씨앗입니다. 씨라고 하는 것은 어느 곳에 뿌려도 나게 되어 있습니다. 결국 어느 정도로 농사가 잘되느냐 하는 것은 토양이나 농사 기술과 관계가 되겠지만 일단 식물이 생기려면 씨가 있어야 합니다.

식물이 얼마나 놀라운가 하면 씨가 뿌려지면 어디든지 싹이 나고 식물이 자라게 되어 있습니다. 마찬가지로 기독교 신앙도 어느 곳에서든지 말씀이 뿌려지면 믿음은 생겨나게 되어 있습니다. 그래서 교회에서 가장 중요한 것은 말씀을 전하는 직분입니다.

> "하나님의 종이요 예수 그리스도의 사도인 바울 곧 나의 사도 된 것은 하나님의 택하신 자들의 믿음과 경건함에 속한 진리의 지식과 영생의 소망을 인함이라. 이 영생은 거짓이 없으신 하나님이 영원한 때 전부터 약속하신 것인데"(1-2절)

교회에서 가장 중요한 것은 말씀의 증거입니다. 하나님께서는 이것을 위하여 사도를 세우셨습니다. 사도는 이 세상에 성경 진리를 전하는 직분입니다.

바로 이 성경 진리에서 신앙의 모든 것이 다 나오는 것입니다. 여기에 보면 세 가지가 기록되어 있는데 하나는 택하신 자들의 믿음이고 두 번째는 경건에 속한 진리의 지식이고 세 번째는 영생의 소망입니다. 택하신 자들의 믿음이라는 것은 처음 예수를 믿고 신앙을 가지게 되는 것을 말합니다. 사람들이 어떻게 처음 신앙을 가지게 됩니까? 하나님의 말씀을 들음으로서 입니다. 아무리 믿음이 없고 예수 믿을 것 같지 않던 사람도 하나님의 말씀을 들으면 그 안에 씨가 떨어지게 됩니다. 처음 떨어진 씨는 아무 반응도 없는 것 같지만 온도와 습도가 많으면 단단한 흙도 뚫고 싹이 나오게 됩니다.

그래서 교회에서는 자꾸 하나님의 말씀을 전하기만 하면 믿는 자는 생기게 되어 있습니다. 그러나 예수를 믿었다고 해서 모든 것이 다 된 것이 아닙니다. 예수 믿는 자는 경건에 속한 진리로 자라야 합니다. 이것은 점점 우리가 성화 생활을 이루어 가는 것을 말합니다. 이것도 결국 말씀으로 이루어지게 됩니다. 그러니까 처음 예수를 믿게 되는 것이나 믿음으로 자라는 것이나 모두 다 성경 말씀에 의하여 이루어지게 됩니다. 그리고 나면 세 번째 우리는 영생의 소망을 기다리게 됩니다. 이것은 최종적으로 우리의 구원이 이루어지는 것입니다. 우리가 이 육신을 벗고 하나님 앞에서 영광스러워지는 것을 말합니다. 그래서 여기에 보면 우리가 예수 믿는 것과 더 거룩해지는 것과 최종적인 구원을 얻는 모든 것이 전부 다 성경 진리에서 나오는 것을 알 수 있습니다. 물론 성경 진리 안에는 복음도 있고 교리적인 내용도 있고 우리의 영성을 깊게 하는 예언의 말씀들이 있습니다. 우리는 이것들을 골고루 다 먹어야 눈부시게 아름다운 믿음의 사람으로 자라게 되는 것입니다.

　아이들이 집에서 잘 양육을 받아서 건강하고 지성이 풍부한 청년이 되면 정말 눈부실 정도로 아름다운 것을 볼 수 있습니다. 하나님의 자녀들은 이렇게 자라야 하는 것입니다. 그렇게 자라는데 필요한 가장 중요한 것은 바른 말씀을 한없이 듣는 것입니다.

　"자기 때에 자기의 말씀을 전도로 나타내셨으니 이 전도는 우리 구주 하나님의 명대로 내게 맡기신 것이라"(3절)

　하나님께서 죽은 영혼들을 살리시고 그들을 축복하시기 위하여 주신 방법은 '전도'입니다. 여기 이 전도라는 것은 하나님의 말씀을 선포하고 가르치는 것입니다. 특히 하나님으로부터 직분을 맡은 자에게 구할 것은 충성이라고 하였습니다. 따라서 말씀을 맡은 자는 주야로 쉬지 않고 하나님의 말씀으로 교인들을 가르쳐야 합니다. 그러면 아름다운 신앙으로 자랄 수가 있습니다.

영적인 토양 바꾸기.

농사가 잘 되려면 땅이 비옥해야 합니다. 예수님의 말씀대로 좋은 땅에 떨어진 씨는 30배, 60배, 백배의 결실을 하지만 길가 같은 땅에 떨어지면 씨가 흙에 묻히기도 전에 새가 주워 먹어버려서 아예 싹이 난다는 것이 불가능합니다. 그레데 섬은 영적인 토양이 아주 척박한 곳이었습니다. 그레데 사람들은 개인적으로도 아주 게으르고 거짓말을 잘 하는 사람들이었습니다.

옛날에 워낙 미신이 강해서 그런지 몰라도 그레데 사람들의 정신적인 토양은 아주 척박했습니다. 그러나 사도 바울은 그레데 사람들의 토양이 좋지 않다고 포기하고 만 것이 아니라 토양을 바꾸기로 한 것입니다. 즉 길가와 같고 돌짝밭과 같은 마음을 옥토로 바꾸기로 한 것입니다. 이렇게 밭을 바꾸는데 아주 중요한 역할을 하는 사람들이 바로 교회의 지도자들인 것입니다.

왜냐하면 교인들은 모든 점에서 교회의 목회자의 인격을 닮아가게 되어 있습니다. 목회자의 성격이 급하고 싸우기를 잘하면 교인들도 그렇게 됩니다. 목회자가 정직하지 못하고 정치하는 것이나 좋아하면 교인들도 그렇게 닮아가게 됩니다. 그래서 아무리 영적인 토양이 척박한 곳이라 하더라도 지도자 한 사람에 의하여 얼마든지 좋은 밭으로 변할 수가 있는 것입니다.

저는 목회를 하면서 그런 모습을 많이 볼 수 있었습니다. 즉 목회자가 교인들에게 하나님의 말씀을 잘 전하지 않고 서로 싸우고 다투고 하니까 교인들의 마음이 너무나도 황폐하게 되어버리는 것입니다. 도저히 씨가 들어가지 않을 정도로 불신이 깊은 사람들이 되어버립니다. 그런데 목회자가 다른 욕심을 부리지 않고 겸손하게 하나님의 말씀만 전하니까 사납던 사람들도 다 온유하게 되고 너무나도 좋은 밭이 되어서 부흥의 불길이 마구 타오르게 되는 것입니다.

제가 처음 중고등부 전도사를 맡았을 때였습니다. 제가 맡았던 중고등부는 너무나도 토양이 좋지 못했습니다. 그래서 교사들끼리도 언성을 높이는 것은 물론이고 너무나도 자주 싸웠습니다. 그리고 학생들의 성격도 너무 거칠었습니다. 제가 거기를 맡게 되었던 것도 대판 큰 싸움이 있고 난 후여서 누군가가 수습을 해야 했기 때문이었습니다. 역시 교사회의를 하면 언성이 올라갔고 학생들은 아무도 설교를 듣지 않았습니다. 저는 처음 교사 회의부터 바꾸었습니다. 저의 집에서 식사를 하는 것으로 바꾸었습니다. 한 달에 한 번씩이지만 함께 식사를 하니까 선생님들의 얼굴에 웃음이 돌기 시작했습니다.

그리고 성경을 묵상하고 깨달은 것은 서로 나누기 시작했습니다. 어느 순간에 선생님들의 토양이 좋아지기 시작했습니다. 그리고 난 후에 학생들은 한 순간에 토양이 변해버렸습니다. 정말 놀라운 일이었습니다. 교사 중에 가장 사나웠던 분이 가장 착한 분으로, 가장 충성된 분으로 변했습니다. 저는 그 모습을 보고 영적인 토양을 바꾸는데 지도자 한 사람의 믿음이 얼마나 중요한지 보게 되었습니다.

사도 바울은 디도를 그레데 섬에 남겨놓아서 그레데 교인들의 영적인 토양을 바꾸는 일을 하게 했습니다.

"내가 너를 그레데에 떨어뜨려 둔 이유는 부족한 일을 바로잡고 나의 명한대로 각 성에 장로들을 세우게 하려 함이니"(5절)

그레데 섬의 체질 개선의 책임을 디도에게 맡긴 것입니다. 디도가 어떻게 이 일을 할 수 있습니까? 자기가 바울에게 배운 그대로 하면 되는 것입니다.

그런데 지도자를 세우는데 있어서 가장 중요한 조건은 영적인 것이 아니었습니다. 우리가 생각하기에는 얼마나 신통력이 있고 병자를 많이 치료하고 전도를 몇 명이나 했는가 하는 것으로 볼 것 같은데 그렇지 않고 철저하게 도덕성을 보았습니다. 그 이유는 아무리 열심이 있고 능력이 있다 하더라도 도덕적인 잘못이 있으면 모든 수고가 한 순간에 다 무너져버리기 때문입니다. 그래서 일단 가정 안에서나 사회적으로 도덕적으로 건전한 사람이어야 했습니다.

"책망할 것이 없고 한 아내의 남편이며 방탕하다 하는 비방이나 불순종하는 일이 없는 믿는 자녀를 둔 자라야 할지라. 감독은 하나님의 청지기로서 책망할 것이 없고 제 고집대로 하지 아니하며 급히 분내지 아니하며 술을 즐기지 아니하며 구타하지 아니하며 더러운 이를 탐하지 아니하며"(6-7절)

여기에 보면 장로와 감독이 구별되고 있는데 이렇게 이해하면 좋겠습니다.

옛날에는 교회가 많은 가정 교회로 나누어져 있었습니다. 그런데 각 가정 교회마다 장로가 있어서 교인들을 돌보고 교회를 지키면 감독은 몇 교회를 돌면서 말씀을 주로 가르치는 자였던 것 같습니다.

지도자는 사회적으로 책망 받을 만한 일이 없어야 했습니다. 즉 사람들에게 비난받을 만한 일을 해서는 안 되는 것입니다. 그리고 부인이 두 명이 있으면 안 되었습니다. 결혼 생활이 깨끗해야 했고 자녀가 믿음 생활을 잘 하는 자라야 했습니다. 왜냐하면 자녀들은 부모의 거울이기 때문입니다. 자신의 사생활이 깨끗지 아니하고 자녀 하나 제대로 가르치지 못하면서 교회 지도자가 되면 웃음거리밖에 되지 않는 것입니다.

그리고 감독은 하나님의 청지기입니다. 즉 말씀의 청지기인 것입니다. 주야로 하나님의 말씀을 퍼내어서 공급해야 교인들이 영적으로 굶지 않습니다.

그리고 역시 책망할 것이 없어야 합니다. 도덕적인 흠이 있으면 지도자가 될 수가 없습니다. 특히 감독은 인격적으로 자격이 까다로웠습니다. 제 고집대로 하면 안 되고 급히 분을 내어서도 안 되고 사람을 구타하거나 술을 마셔서도 안 됩니다.

제 고집대로 하는 것은 주관적인 확신이 너무 강한 것입니다. 그러면 일체 다른 사람의 말을 듣지 않습니다. 목회자에게 어느 정도 교육 수준이 필요한 이유는 교육이 너무 없으면 남의 말을 듣지 못합니다. 이 사람은 자기 이야기밖에 하지 못하는 것입니다. 그 이유는 나는 하나님의 말씀을 들었다는 것입니다. 하나님이 나에게 말씀하셨으면 다른 사람도 그것을 알 수 있어야 합니다. 어느 날 스펄전에게 한 교인이 찾아왔습니다. 그러면서 성령님께서 오늘 저에게 당신 교회에서 말씀을 전하라고 하셨다고 했습니다. 그때 스펄전은 말하기를 성령님께서 당신에게는 말하면서 왜 목회자인 나에게는 말씀하시지 않으셨느냐고 하면서 내어쫓아버렸습니다.

그리고 급히 분을 내는 것은 너무나도 좋지 못합니다. 왜냐하면 분노는 사람의 마음의 그릇을 깨트리는 일을 합니다. 어떤 사람이 분을 내면 그 말을 듣는 사람의 인격이 깨어지는 것입니다. 즉 분노는 사람을 정신적으로 죽이는 것입니다. 더욱이 때리는 것은 더 말도 되지 않습니다. 자기 말을 듣지 않는다고 빈방으로 데리고 가서 때리는 것은 깡패들이나 할 짓이지 교회 지도자가 할 일은 아닌 것입니다. 그러면 깡패같이 애를 먹이는 사람은 어떻게 해야 할까요? 그 사람을 바꾸는 것이 바로 목회자가 해야 할 일인 것입니다. 그런데 철이 철을 날카롭게 한다고 화를 자꾸 내는 사람과 있으면 화를 내는 것을 배우게 되어 있습니다.

특히 술을 마시는 사람은 안 됩니다. 그 이유는 술은 사람을 왔다 갔다 하도록 만들기 때문입니다. 도대체 어떤 사람이 진짜 그 사람인지 알지 못하게 합니다. 술은 사람을 바꾸는 역할을 하는데 진짜로 바뀐 것이 아니라 거짓으로 바뀐 것처럼 믿게 만드는 것입니다.

우리는 자녀들을 오랫동안 교육을 시키지만 쉽게 바뀌지 않는 것을 보게 됩니다. 그러나 술은 그런 교육도 없이 한 잔으로 사람을 변화시킵니다. 그러나 그것이 가짜이고 사기인 것입니다. 결국은 자기 자신을 기만하는 것 밖에 되지 않습니다.

"오직 나그네를 대접하며 선을 좋아하며 근신하며 의로우며 거룩하며 절제하며 미쁜 말씀의 가르침을 그대로 지켜야 하리니 이는 능히 바른 교훈으로 권면하고 거스려 말하는 자들을 책망하게 하려 함이라"(8-9절)

지도자는 불쌍한 사람들을 잘 도와주는 사람이어야 합니다. 즉 인정이 있어야 합니다. 그리고 역시 자기 관리를 잘 해야 합니다.

'근신하며 의로우며 거룩하며 절제하며' 라는 것은 결국 자기 자신과의 싸움에서 이겨야 하는 것입니다. 사람이 자기를 이긴다는 것은 너무나도 어려운 일입니다. 그러나 자기를 이기지 못하면 뿌리 없는 나무와 같아서 밑동을 치면 바로 넘어져버립니다. 그리고 최종적으로 말씀을 잘 가르치는 자라야 합니다. 그리고 권면만 하는 것이 아니라 죄에 대한 책망도 해야 합니다. 좋은 축복의 말씀만 하는 좋은 좋은 종이 아닙니다. 죄에 대하여 엄한 질책이 있어야 하는 것입니다.

이런 지도자는 교인들의 마음을 좋은 밭으로 만들 수 있습니다. 그래서 어느 곳에서든지 30배, 60배, 백배의 결실을 맺을 수 있습니다.

그레데의 나쁜 토양.

그레데에서 부흥이 일어나지 못하도록 방해하는 나쁜 것이 세 가지가 있었습니다.

그 첫 번째가 할례당의 교훈이었습니다.

> "복종치 아니하고 헛된 말을 하며 속이는 자가 많은 중 특별히 할례당 가운데 심하니"(10절)

여기서 할례당이라고 하는 것은 기독교의 한 분파였던 것 같은데 할례를 아주 강조하는 자들이었던 것 같습니다. 이들은 할례 받지 않는 자와 할례 받은 자는 그 영적 수준이 다르다고 엉터리 선전을 했던 것입니다.

하나님께서는 이스라엘 백성들에게 할례를 은밀한 곳에 하게 하셨습니다. 그 이유는 자랑하지 못하게 하기 위해서였습니다. 그런데도 불구하고 할례당은 주책스럽게 할례 받은 것을 자랑하며 하나의 당을 만들었습니다. 그러나 이들은 복종치 않는 자들입니다. 무엇을 복종치 않습니까? 교회의 정당한 가르침을 복종치 않는 것입니다. 이런 자들의 말은 헛된 말이며 속이는 말이라고 했습니다. 대개 할례를 받는 이유 중에는 자랑을 하려는 사람들이 많았습니다. 갈라디아서를 보면 이런 사람들을 차라리 베어버리라고 말씀을 한 적이 있습니다. 한때 우리나라에서도 방언을 하지 못하면 은혜를 받지 못했다고 떠들어대는 사람들이 있었는데 그것도 엉터리였던 것입니다. 방언 자체가 엉터리라는 뜻이 아니라 방언을 해야 은혜 받은 것이라는 것은 잘못된 속임수 가르침이었던 것입니다.

제가 처음 대구에 와서 느꼈던 것은 너무나도 미신적인 신앙생활을 하는 분들이 많다는 것이었습니다. 교회 안에도 조금 있었지만 교회밖에는 굉장히 많았습니다. 그것은 말씀의 빛이 오랫동안 제대로 비춰지 못해서 그런 것입니다. 그러나 몇 년 지나니까 완전히 그런 경향들이 없어져버렸습니다. 그리고 교인들 중에서 그런 속임수에 속는 사람들이 거의 없어지게 되었습니다. 그것은 이미 토양이 변한 것입니다.

두 번째는 그레데 사람들 자체의 기질 문제였습니다.

> "그레데인 중에 어떤 선지자가 말하되 그레데 인들은 항상 거짓말 장이며 악한 짐승이며 배만 위하는 게으름장이라 하니 이 증거가 참되도다. 그러므로 네가 저희를 엄히 꾸짖으라. 이는 저희로 하여금 믿음을 온전케 하고"(12-13절)

그레데인의 문제는 거짓말을 잘하는 것이었습니다. 대개 거짓말을 잘 하는 사람들은 자존감이 아주 낮은 사람들입니다. 또 심리적으로 의욕이 없고 자포자기 하는 사람들입니다. 예를 들어서 거지같은 사람들은 거짓말을 잘 할 수밖에 없습니다. 왜냐하면 이 세상에서 굳이 진실해야 할 이유도 없고 자기 말을 지킬 이유도 없기 때문입니다. 그레데 사람들은 문명이 망하고 생활도 비참해지면서 아주 자존감이 낮아지게 되었습니다. 요즘으로 치면 노숙자들의 정서와 비슷했던 것 같습니다. 거짓말을 아주 잘하고 배만 채우고 게으름 장이인데 아예 악한 짐승이라고 했습니다. 또 다른 사람에 대해서는 아주 공격적이었던 것 같습니다. 이것은 사도 바울이 한 말이 아니고 그레데의 이방 선지자가 한 말이었습니다. 이것에 대해서 사도 바울은 무조건 잘 해주려고 하지 말고 꾸짖으라고 했습니다. 왜냐하면 이런 사람들에 대해서는 꾸짖는다는 자체가 관심을 가져주는 것이고 이런 관심이 홀로 설 수 있도록 도와줄 수 있기 때문입니다.

세 번째는 잘못된 유대교의 가르침이었습니다.

"유대인의 허탄한 이야기와 진리를 배반하는 사람들의 명령을 좇지 않게 하려 함이라"(14절)

물론 유대교가 다 허탄한 이야기를 하는 것은 아닌데 유달리 그레데에 들어온 유대교는 대단히 환상적이고 묵시적인 유대교 파였던 것 같습니다. 그러니까 이 사람들은 모이기만 하면 꿈을 꾼 이야기나 하고 계시 받은 이야기나 하면서 전혀 성경을 들으려고 하지 않는 것입니다. 성경 말씀을 들어야 부흥이 일어나는데 허탄한 이야기는 죽은 씨앗이기 때문에 싹이 나지 않습니다.

여기서 사도 바울은 아주 놀라운 말씀을 합니다.

"깨끗한 자들에게는 모든 것이 깨끗하나 더럽고 믿지 아니하는 자들에게는 아무 것도 깨끗한 것이 없고 오직 저희 마음과 양심이 더러운지라. 저희가 하나님을 시인하나 행위로는 부인하니 가증한 자요 복종치 아니하는 자요 모든 선한 일을 버리는 자니라"(15-16절)

여기서 깨끗한 자라고 하는 것은 말씀에 입각한 신앙을 가진 자를 말합니다. 이런 사람에게는 이 세상 사회생활이 결코 더러운 것이 아닙니다. 얼마든지 결혼 생활도 하고 장사도 하고 여행도 다닐 수 있습니다. 그러나 제대로 된 신앙을 가지지 않은 사람들은 사회생활도 제대로 하지 못하면서 이상한 환상과 꿈에 빠져서 제대로 정상적인 생활을 하지 못하는 것입니다.

이것을 굉장히 책망을 하고 있습니다. 마음과 양심이 더럽다라고 했습니다.

왜냐하면 자기 욕심과 고집에 꽉 차 있기 때문입니다. 결국 입으로 하나님을 시인한다 하면서 생활이 건전하지 못하면 이것은 행위로는 하나님을 부인하는 것밖에 되지 않습니다. 그러니까 가증한 자요 복종치 않는 자요 모든 선한 일을 버리는 자라고 했습니다. 그래서 신앙에 있어서 나 혼자 잘 믿는 것은 위험합니다. 신앙에 있어서 정상적인 것이 아주 중요합니다. 정상적인 신앙을 해야만 더 큰 부흥이 일어나고 더 큰 전도가 일어나고 더 큰 능력이 나타나게 되는 것입니다.

02
아름다운 훈계
딛 2:1-15

제가 대학 다닐 때 한때 로댕의 조각을 굉장히 좋아했던 적이 있었습니다. 그래서 로댕에 대한 책도 사서 읽어보기도 하고 로댕의 작품도 실물로는 보지 못하고 사진으로 감상을 하기도 했습니다. 그런데 로댕의 작품을 보면 비록 돌이지만 입술이 서로 맞닿거나 손이 닿는 부분이 그렇게 짜릿하게 느껴질 수가 없을 정도로 아주 섬세하게 조각되었다는 것을 느낄 수 있었습니다.

위대한 조각품이 되려면 그냥 산에서 돌만 가져와서 대충 얼굴이나 코를 깎는다고 해서 되지 않습니다. 일단 조각이 되려면 균형이 맞아야 하고 서 있을 수 있어야 합니다. 어떤 작품은 만들 때는 몰랐는데 만들어 놓고 보면 서있지 못하고 넘어지는 것이 있습니다. 그것은 균형이 맞지 않는 것입니다. 그리고 인체를 조각할 때에는 머리나 가슴이나 하체가 균형이 맞아야 이상하지가 않습니다. 저희 교회에 조각하시는 분에게 물어보니까 학생들이 그렇게 인체를 다 만드는데 대학 4년이 꼬빡 다 걸린다고 했습니다.

우리 신앙에 있어서 중요한 것은 전체적인 균형입니다. 너무 기도에 치우친다든지 혹은 교제에 너무 치우친다든지 하는 것은 아름다운 것이 아닙니다.

신앙이 전체적으로 조화와 균형이 있어야 합니다. 그리고는 신앙을 아주 섬세하게 다듬어서 세밀한 부분까지 아름답게 깎아내어야 합니다.

저는 청년의 때에 신앙적으로 아주 열정이 많았습니다. 기도도 뜨겁게 하고 봉사도 열심히 했습니다. 그러나 저의 신앙은 전반적으로 모가 난 부분이 많았고 잘 다듬어져 있지 않았습니다. 하나님께서는 저의 다듬어지지 않은 이런 부분을 오랜 시간에 걸쳐서 다듬어주셨습니다. 하나님의 손에 다듬어질 때 너무 고통스럽고 힘이 들었지만 역시 그 부분은 너무나도 필요한 부분이었습니다. 그리고 하나님께서는 아주 아름다운 신앙 지식으로 옷을 입혀주셨습니다.

디도서는 그레데 섬에 있는 크리스천들의 신앙 체질 개선을 위해서 사도 바울이 디도에게 보낸 편지입니다. 그레데 섬은 옛날에는 대단히 번창했던 섬이었고 그리스 세계의 맹주였던 곳이었습니다. 그런데 갑자기 미케네 문명이 소멸되면서 그레데 섬은 아주 낙후된 곳이 되고 말았습니다. 그래서 그레데 사람들의 특징은 자기 나라 시인이 말하는 것처럼 거짓말을 잘 하고 게으르고 악한 짐승과 같다는 것이었습니다.

그레데 섬은 토지로 치면 아주 토양이 좋지 못한 곳이었습니다. 사도 바울은 이곳에 디도를 보내어서 옥토로 바꾸려고 하는 것입니다. 사도 바울은 예수 믿는 사람들을 적극적으로 가르치라고 했습니다. 대충 예수 믿는 것으로 내버려두지 말고 아주 세밀하고 섬세하게 다듬어서 훌륭한 조각품으로 만들라고 말씀하고 있습니다. 토양을 바꾸고 섬세하게 다듬으면 누구든지 훌륭한 하나님의 백성들이 될 수 있는 것입니다.

바른 가르침의 중요성.

"오직 너는 바른 교훈에 합한 것을 말하여" (1절)

사람은 일단 가르쳐야 다듬어지게 되어 있습니다. 옛날에 상전들은 자기 자식들은 공부를 가르치면서 노예나 머슴들은 아무 것도 가르치지 않고 그냥 내버려두었습니다. 그러면 사람을 가르치지 않고 내버려두면 그 인격이 울퉁불퉁한 대로 그대로 남아 있을 수밖에 없습니다. 그러나 일단 사람에게 어떤 지식을 가지고 가르치게 되면 정으로 돌을 쪼는 것과 같습니다. 일단 가르치면 울퉁불퉁한 부분이 깨어져 나가고 못된 부분도 깨어져 나가면서 사람의 형체가 뚜렷해지게 됩니다. 그래서 교육이라는 것은 이렇게 중요한 것입니다.

우선 사람은 교육이라는 것을 받으면서 다른 사람의 관심을 받게 되고 자기 자신에 대해서 생각을 하게 됩니다. 그러니까 교육을 받으면 사람이 멋있어 지고 윤곽이 뚜렷해지고 무엇인가 분명해지는 것은 당연한 것입니다.

그래서 우리나라 부모님들은 무슨 일이 있어도 자녀들에게 고등교육을 시키려고 합니다.

세상 교육이 이만큼 중요하다면 하나님의 말씀을 가지고 가르치는 것은 훨씬 더 중요할 수밖에 없습니다. 왜냐하면 교육이 사람의 인격을 조각하는 것이라면 결국 그 조각의 모델이 무엇이냐 하는 것이 문제가 되기 때문입니다.

세상 교육의 모델은 세상에서 똑똑하고 성공한 사람을 모델로 해서 조각을 하는 것입니다. 그러나 기독교 교육은 하나님을 모델로 해서 하나님의 사람을 깎는 것입니다. 그러니까 교육 중에서 진짜 교육은 성경을 가지고 하나님의 말씀을 가르치는 교육입니다. 사람이 교육을 받는 목적은 똑똑해지려고 받는 것입니다. 결국 자기 자신을 알려고 교육을 받는 것입니다. 그런데 사람이 자기 자신에 대하여 가장 잘 배울 수 있는 방법이 성경을 배우는 것입니다. 그래서 사도 바울은 디도에게 그레데 사람들에게 다른 것을 가르치지 말고 '바른 교훈에 합한 것'을 가르치라고 말했습니다. 즉 오직 성경적인 교훈을 가르치라는 것입니다. 그 이유는 그레데 사람들이 거짓말을 잘 하고 게으르게 된 것이 바로 옛날의 신화와 잘못된 미신 때문이었기 때문입니다. 우리나라의 옛날 유교적인 가르침은 일을 천하게 생각하는 경향이었습니다. 그래서 선비들은 먹을 것이 없어서 굶으면서도 책은 읽는 것을 고상하게 생각을 했습니다. 그러니까 부인들이 엄청나게 고생을 한 것입니다. 동남아시아에 보면 불교의 영향으로 젊은이들이 일을 하지 않습니다. 이들은 일을 하지 않는 것을 아주 고상하게 생각하는 것입니다. 그러니까 베트남의 여성들이 우리나라까지 시집을 오는 현상들이 일어나고 있습니다.

그러나 성경의 가르침은 분명합니다. 남자는 이마에 땀이 흘러야 먹을 것을 찾을 수 있는 것입니다. 즉 노동은 신성한 것이고 절대로 공짜를 바라지 말라는 것입니다. 그리고 믿는 사람들은 거짓말을 하지 못합니다. 결국은 그레데 섬의 이 게으르고 거짓말하는 인격들을 바꿀 수 있는 것은 성경적인 가르침밖에 없는 것입니다.

늙은이도 변할 수 있다.

"늙은 남자로는 절제하며 경건하며 근신하며 믿음과 사랑과 인내함에 온전케 하고"(2절)

우선 성경적인 가르침의 대상은 모든 연령이 다 해당이 됩니다. 젊은이나 어린아이들만 성경적으로 가르치고 어른들은 가르치지 않는 것이 아니라 어른이나 아이나 늙은이나 젊은이나 모두 다 성경적인 가르침은 받아야 바른 인격을 갖춘 사람이 될 수 있는 것입니다.

그런데 늙은 남자에게는 네 가지 항목을 중점적으로 가르치라고 말씀하고 있습니다. 즉 절제와 경건과 근신과 온전함입니다. 이 온전함에는 믿음과 사랑과 인내가 들어 있습니다. 보통 사람이 늙으면 고집스러워지기 쉽습니다. 또 변하기를 싫어하고 대접을 받고 싶어 하며 남의 이야기 하기를 좋아합니다. 대개 보통 젊은이들이 늙은이들과 잘 어울리지 않으려고 하는 이유는 미래를 이야기하지 않고 주로 과거의 이야기들을 합니다. 그리고 맨날 했던 이야기들을 하고 또 하니까 젊은이들이 쉽게 싫증을 느끼게 됩니다. 그 이유는 그만큼 사고가 경직이 되어있고 또 이 세상에 살날이 많이 남지 않았기 때문에 주로 과거를 말하게 되는 것입니다.

그러나 예수 믿는 노인들은 절대로 그렇지 않습니다. 노인들이 가장 좋아하는 성경 구절은 '그러므로 우리가 낙심하지 아니하노니 겉사람은 후패하나 우리의 속은 날로 새롭도다'(고후 4:16)입니다.

예수 믿는 노인들은 마음까지 늙어서는 안 됩니다. 그래서 가장 먼저 배워야 하는 것은 마음은 젊어져야 한다는 것입니다. 예수 믿는 늙은이들은 예수 믿지 않는 늙은이들처럼 그런 식으로 추하게 늙어가서는 안됩니다. 그래서 마음은 아주 현대적이어야 합니다.

그래서 절제를 해야 합니다. 여기서 절제라고 하는 것은 믿지 않는 늙은이들이 하는 것을 다 잘라버리는 것입니다. 노인정에 가서 화투나 두면서 시간을 보내어야 할 이유가 없습니다. 그리고 쓸데없는 세상 이야기나 하면서 시간을 때우려고 해서는 안 되는 것입니다. 저희 교회 장로님 한 분은 팔십이 넘으셨는데 인터넷을 배워서 서울의 유명한 교회에 들어가셔서 젊은이들이 듣는 설교와 찬양을 다 듣는 분이 계십니다. 그리고 역시 경건입니다. 여기서 경건이라고 하는 것은 기도하고 말씀을 듣는 모임에 열심히 참가하는 것입니다. 그러면 참가하면 할수록 나이가 젊어지게 될 것입니다. 결국 우리는 늙은 분이나 젊은 분이나 마음속에 담는 것에 따라서 가치가 달라집니다. 하나님의 말씀을 담으면 우리의 속에 모세의 얼굴같이 빛나게 됩니다. 그러나 세상적인 것을 담으면 그렇게 추해질 수가 없습니다.

우리 믿는 노인들은 온유하셔야 합니다. 어떤 분은 늙어가면서도 혈기를 부리고 성질이 나빠지는 분이 계신데 그것은 보기에 좋은 것이 아닙니다. 그리고 다른 사람을 세워주고 격려해주는 일을 잘 하셔야 합니다. 노인의 특기가 바로 여기에 있습니다. 그러나 어떤 분은 끝까지 자기가 나서려고 하는 분이 있고 자꾸 나서서 말을 하는 분이 있는데 보기에 좋은 현상은 아닌 것입니다. 그리고 믿음의 노인은 신사가 되어야 합니다. 어느 누구에게나 아주 신사적이고 정중하게 대할 때 그 가치와 아름다움이라는 것은 말로 표현할 수가 없는 것입니다. 그러면서 믿음과 사랑과 인내함에 온전해야 합니다. 무엇이든지 오래 참고 기다리며 다른 사람들이 당황해 하고 어려워할 때 바른 길을 지도할 수 있는 지혜가 있어야 합니다.

두 번째는 늙은 여자들입니다.

보통 늙은 여자는 아무래도 잔소리를 많이 할 가능성이 많습니다. 그리고 해서는 안 되는 말들을 퍼트려서 주책스러울 가능성도 많습니다. 믿지 않는 늙은 여자들은 술도 마시고 화투에 빠질 가능성도 많습니다. 그러나 이 세상에서 가장 아름다운 분들은 바로 신앙적으로 경건한 나이든 여성들입니다.

"늙은 여자로는 이와 같이 행실이 거룩하며 참소치 말며 많은 술의 종이 되지 말며 선한 것을 가르치는 자들이 되고"(3절)

신앙으로 늙은 여성들은 한 송이 국화꽃과 같습니다. 우리나라 시에도 '한 송이 국화꽃을 피위기 위하여 소쩍새는 울었나보다'라는 시가 있듯이 산전수전 다 겪은 신앙의 어머니들은 모든 것이 가슴속에 다 새겨져 있습니다.

그래서 모든 것을 조용한 미소로 대답을 합니다. 아브라함의 아내 사라가 늙었을 때 그녀에게는 조용한 미소만 남았습니다. 그래서 천사가 와서 아들을 낳게 될 것이라고 했을 때에도 사라는 조용하게 웃기만 했습니다. 이것이 바로 그 유명한 모나리자의 미소와 비슷한 것입니다.

자식들이나 젊은이들이 잘못 했을 때에도 크게 소리를 내지 않고 아주 조용하게 타이르듯이 한 마디를 하는데 그것이 젊은이들에게는 큰 소리를 치는 야단보다 더 깊이 가슴에 와 닿게 됩니다. 나이든 여성들은 돈도 없고 힘도 없습니다. 그러나 기도하는 데는 어느 누구보다 용감하고 힘이 있습니다.

특히 나이가 든 여성들은 사람을 보는 눈이 정확합니다. 대개 젊은 남녀들은 환상을 좋아하기 때문에 사람의 외모만 보고 속기 쉽습니다. 그러나 나이 드신 할머니들은 환상에 속지 않습니다. 그레데 섬의 늙은 여성들은 술을 많이 마셨던 것 같습니다. 그리고 남의 이야기를 많이 했던 것 같습니다. 그런데 크리스천 할머니들은 술도 일체 마시지 않고 남의 험담도 하지 않고 아주 단정하게 젊은 여성들에게 남편과 자녀를 사랑하라고 가르쳤을 때 하나님의 말씀이 빛이 났던 것입니다.

젊은이를 가르쳐야 한다.

특히 젊은 여성들에게는 4,5절에 "저들로 젊은 여자들을 교훈하되 그 남편과 자녀를 사랑하며 근신하며 순전하며 집안일을 하며 선하며 자기 남편에게 복종하게 하라. 이는 하나님의 말씀이 훼방을 받지 않게 하려 함이니라"고 했습니다.

교회에서 가장 잘 가르쳐야 할 사람들은 바로 이 젊은 여성들입니다. 왜냐하면 이 젊은 여성들이야말로 교회의 일꾼일 뿐 아니라 남편을 전도하고 아이를 키우며 어른을 봉양하는 핵심이기 때문입니다. 젊은 여성들은 일단 젊기 때문에 힘이 있고 의욕이 넘칩니다. 거기에다가 무한한 가능성이 있기 때문에 만들어지는 대로 모양이 만들어지고 가르쳐주는 그대로 다 받아들입니다.

그래서 사도 바울은 늙은 여자에게 젊은 여자를 가르치라고 했지만 문화적으로 불가능한 경우를 제외하고는 목회자나 목회자 부인이 젊은 여자를 가르치면 엄청난 수확을 할 수 있습니다. 그런데 가장 먼저 남편과 아이를 사랑하도록 해야 합니다. 그래서 남편과 아이를 구원받게 해야 합니다. 그러기 위해서 집안일도 열심히 해야 합니다. 교회 안에서 젊은 여성들은 보물 중의 보물입니다. 이들을 잘 가르치는 것은 교회 부흥과 직결되어 있습니다.

젊은 남자들은 방탕하기 쉽습니다. 그리고 청년의 정욕에 빠지기 쉽습니다.

젊은이들은 속에서 피가 끓고 있기 때문에 정욕보다 더 강한 성령의 능력을 체험하는 것이 필요합니다.

"너는 이와 같이 젊은 남자들을 권면하여 근신하게 하되 범사에 네 자신으로 선한 일의 본을 보여 교훈의 부패치 아니함과 경건함과 책망할 것이 없는 바른 말을 하게 하라. 이는 대적하는 자로 하여금 부끄러워 우리를 악하다 할 것이 없게 하려 함이라"(6-8절)

젊은 남자들만큼 그 시대의 가치관을 잘 보여주는 사람들은 없을 것입니다. 그 시대가 무의도식하는 시대이면 젊은이들이 일단 무의도식하고 게으릅니다. 그래서 그 사회의 미래를 보려면 젊은이들이 하는 것을 보면 되는 것입니다. 젊은이들의 눈빛이 살아있고 나름대로 정직하게 살려고 애를 쓰고 노력하고 있으면 그 사회는 미래가 있습니다. 그러나 젊은이들이 일은 하지 않고 모여서 술이나 마시고 남의 것을 훔치는 것으로 소일을 할 때 그 사회는 희망이 없는 것입니다.

우리 사회는 감사하게도 그렇게 청년 실업률이 높고 어른들이 나라를 거의 엉망으로 만들고 있고 부정과 부패가 심해도 좌절하지 않고 나름대로 굉장히 열심히 노력을 하고 있습니다. 이것은 아직 우리나라의 젊은이들의 정신이 죽지 않은 것입니다. 사실 이것이 우리나라의 눈에 보이지 않는 힘인 것입니다. 젊은이들에게 의욕을 줄 수 있어야 합니다.

특히 교회에서는 젊은이들을 미래의 그릇으로 만들어주어야 합니다. 무엇보다 하나님의 말씀으로 정직하고 깨끗한 그릇으로 만들어야 하고 미래에 하나님께서 자신을 마음껏 사용하시도록 항상 준비시켜야 합니다. 특히 말씀으로 무장시키고 어른들에게 복종하게 하며 도덕적으로 흠이 없도록 만들어야 합니다.

종들도 가르쳐야 한다.

"종들로는 자기 상전들에게 범사에 순종하여 기쁘게 하고 거스려 말하지 말며 떼어 먹지 말고 오직 선한 충성을 다하게 하라. 이는 범사에 우리 구주 하나님의 교훈을 빛나게 하려 함이라"(9-10절)

여기에 보면 '범사에 하나님의 교훈을 빛나게 한다'는 말씀이 나옵니다. 이것은 하나님의 말씀이 얼마나 영광스럽고 빛난 말씀인지 보여줌과 동시에 모든 성도들은 하나님의 빛 된 백성인 것을 보여주는 것입니다.

예수님은 '너희는 세상의 빛이라'고 말씀하셨습니다. 빛은 소금보다 더 적극적인 역할을 합니다. 소금은 물에 녹아서 맛을 보아야 짠맛이 나지만 빛은 바로 어둠을 밝혀서 모든 것 빛나게 만듭니다.

그런데 이 당시 많은 기독교인들이 노예들이었습니다. 사도 바울은 노예라고 해서 빛의 백성이 되지 않는 것이 아니라고 했습니다.

빛의 백성들의 가장 큰 특징은 적극적으로 사랑을 나타내는 것입니다. 그래서 노예들도 주인에게 적극적으로 순종하도록 가르쳤습니다.

'범사에 순종하며 기쁘게 하며 거스려 말하지 말며'

이것은 진심으로 주인을 사랑하려고 애를 쓰는 것입니다. 지금까지는 억지로 종이니까 어쩔 수 없어서 순종했다면 이제는 내가 하나님의 자녀로서 진정으로 주인을 사랑하려고 애를 쓰는 것입니다. 그러면 주인도 그 마음을 언젠가는 느끼게 됩니다. 즉 이 종이 나를 진심으로 사랑하는구나 하는 것을 깨닫게 되는 것입니다. 왜냐하면 억지로 순종하는 것은 두려운 마음으로 기계적으로 순종하지만 사랑으로 순종하는 것은 부드럽고 벌써 무엇인가 푸근한 느낌이 오게 되어 있습니다. 결국 이것은 자기 자신의 신앙에도 유익으로 돌아오게 됩니다.

그런데 노예 제도는 분명히 비성경적이고 나쁜 제도인데 왜 사도 바울은 이것을 기쁨으로 받아들이고 인정하라고 하고 있을까요? 물론 노예 제도 자체는 옳지 않지만 하나님의 백성들은 그것까지도 인정을 해야 하는 것입니다. 즉 우리는 현실을 인정할 때 비로소 이 세상에 뿌리를 내릴 수 있게 됩니다. 물론 나중에 때가 되면 하나님께서 노예 제도를 폐지하시겠지만 그때까지는 우리는 지킬 것은 지켜야 현실에 적응할 수가 있는 것입니다.

특히 '떼어먹지 말고 오직 선한 충성을 다하게 하라'고 했습니다. 종이 주인에게 최선을 다해서 충성할 때 처음에는 주인이 그것을 믿지 않겠지만 나중에 시간이 흐르게 되면 언젠가는 주인이 종을 믿게 됩니다.

우리 그리스도인들은 다른 사람에게 믿음을 주는 사람이 되어야 합니다.

여기에 보면 하나님께서 우리를 구원하시는 목적이 진리로 양육하는 것이라고 말씀하고 있습니다.

"모든 사람에게 구원을 주시는 하나님의 은혜가 나타나 우리를 양육하시되 경건치 않은 것과 이 세상 정욕을 다 버리고 근신함과 의로움과 경건함으로 이 세상에 살고 복스러운 소망과 우리의 크신 하나님 구주 예수 그리스도의 영광이 나타나심을 기다리게 하셨으니 그가 우리를 대신하여 자신을 주심은 모든 불법에서 우리를 구속하시고 우리를 깨끗하게 하사 선한 일에 열심하는 친 백성이 되게 하려 하심이니라"(11-14절)

하나님께서 우리를 예수 믿게 하신 것은 더 좋은 세상 사람이 되게 하기 위해서가 아닙니다. 즉 세상으로 가던 길을 돌이켜서 정반대되는 길을 가는 사람이 되게 하기 위한 것입니다.

세상으로 달리던 차를 정반대 방향으로 가게 하려면 강한 역추진 힘이 필요합니다. 그것이 우리에게는 있어야 합니다. 그것이 바로 하나님이 주시는 성령의 기쁨입니다. 우리에게 그 기쁨이 없으면 세상이 흘러가는 방향대로 흘러갈 수밖에 없습니다. 우리는 모든 점에서 세상과 반대되는 방향으로 거슬러 올라가야 합니다. 하나님은 우리가 선한 일에 열심을 다하는 친 백성이 되기를 원하십니다.

"너는 이것을 말하고 권면하며 모든 권위로 책망하여 누구에게든지 업신여김을 받지 말라"(15절)

여기에 보면 '권면하여' 라는 말이 나옵니다. 여기서 나온 것이 '권면적 상담' 이라는 말입니다. '권면적 상담' 이라는 것은 죄를 책망해서 깨우치는 것을 말합니다. 그래서 하나님의 말씀의 권위를 가지고 사람들을 권면하라고 했습니다. 요즘 보통 상담에서 사용하는 방법은 비지시적 상담입니다. 즉 피상담자의 말을 들어줌으로 스스로 판단하고 결정하게 하시는 것입니다. 그러나 권면적 상담은 피상담자를 적극적으로 가르쳐서 특히 죄 된 습관을 버리고 선한 습관을 가지도록 도와주는 것입니다. 그래서 권면적 상담에서는 습관을 바꾸는 것을 아주 중요하게 생각합니다, 왜냐하면 사람이 한 순간에 죄를 버리는 것이 쉽지 않기 때문에 습관이 바뀌어져야 상담이 제대로 되어졌다고 판단을 하는 것입니다. 특히 권면적 상담은 모든 상담을 죄를 버리는 상담이 되어야 한다고 주장을 하는 입장입니다.

저희들 중에 어느 누구도 진리의 가르침이 필요치 않는 사람은 없을 것입니다. 그래서 하나님의 말씀이 최종적인 권위를 가지는 것이 옳습니다. 이렇게 될 때 교회는 가장 바르게 성장할 수 있습니다.

아직도 우리 주위에는 바르지 못한 많은 가치관이나 습관들이 있는 것을 볼 수 있습니다. 즉 직장에서 술을 마셔야 직장 생활을 제대로 할 수 있다든지 혹은 가정에서 아직도 조상 숭배의 의식이 남아 있거나 혹은 거짓말을 예사로하거나 여성을 구타하거나 하는 좋지 못한 풍습들이 현존하고 있습니다. 우리는 이러한 잘못된 것을 바로 잡아서 건전하고 아름다운 사회를 이루어야 할 책임이 있습니다. 여러분이 그러한 주역이 되기를 바랍니다.

03
아름다운 사람
딛 3:1-15

전에 교회에 한 청년이 집에서는 아무도 믿지 않는데 혼자서 열심히 출석을 하면서 신앙생활을 했습니다. 그런데 어머니가 시장에서 장사를 하시는데 유명한 욕쟁이였습니다. 어느 정도로 심했는가 하면 장사하는 주변 사람들이 그 아주머니에게 걸리지 않으면 그 날은 아주 재수가 좋은 날이라고 말할 정도였습니다. 그런데 아들이 어머니의 구원을 위해서 간절히 기도를 했습니다. 아들의 기도 덕분에 어느 날 이 어머니의 마음속에 교회를 가고 싶은 마음이 들었습니다. 그런데 이 욕쟁이 아주머니가 교회를 가려고 마음을 먹은 순간부터 굉장한 사탄의 시험이 이 분에게 일어났습니다. 밤마다 악몽을 꾸는데

'너는 교회에 가면 안 된다. 너는 교회에 가면 죽는다' 는 그런 소리가 들리면서 가위에 눌리곤 했습니다. 그러니까 이 분이 더 살기 위해서 기를 쓰고 교회로 가게 되었습니다. 그런데 교회에 나간 그 순간부터 이 분에게는 그런 악몽이 싹 사라졌습니다. 그리고 욕이 없어졌습니다. 이 분이 완전히 딴 사람으로 변해버린 것입니다. 그 후에는 시장 사람들이 다 이 아주머니를 좋아하게 되었습니다. 어느 정도로 이 분이 변했는가 하면 참으로 겸손한 사람이 되어서 그 교회 권사까지 되게 되었습니다.

무엇이 이 욕쟁이 아주머니를 아름답고 겸손한 사람이 되게 했을까요? 그것은 예수님의 보혈의 씻음과 성령의 새롭게 하는 능력이었습니다.

전에 교회에 또 다른 청년이 있었습니다. 이 청년은 좋은 대학을 다니고 있었는데 술을 많이 마셨습니다. 그래서 술을 마시고는 취해서 난동을 부리면 파출소에 끌려가 있으면 어머니와 형들이 가서 꺼내오곤 하는 일들을 반복해서 했습니다. 그러다가 어느 날은 술 마시고 난동을 부리는 것으로는 직성이 풀리지 않는지 술을 마시고는 아파트 베란다에서 뛰어내려버렸습니다. 그래서 몸이 많이 부서지게 되었고 병원에서는 죽지 않은 것이 기적이라고 말을 했습니다. 그러다가 예수를 믿고 변하여 새 사람이 되었습니다. 그 후에 제가 만났던 이 청년은 완전히 한 마리의 어린양이었습니다. 얼마나 순종적이고 얼마나 저를 좋아하고 예수님을 좋아하는지 어디든지 저를 따라다녔습니다. 완전히 이 청년은 변해 있었습니다. 가장 겸손하고 가장 유머가 넘치고 가장 사랑이 많은 사람이 되어 있었습니다. 무엇이 이 사람을 이렇게 딴 사람으로 만들었을까요? 바로 예수님의 피의 씻음과 성령의 새롭게 함인 것입니다.

사실 사도 바울만 해도 그가 변화되기 전에는 사람이 똑똑했는지는 모르겠지만 굉장히 난폭하고 잔인했습니다. 그래서 스데반을 죽이는데도 동참을 하고 예수 믿는 사람들을 잡아 가두고 고문도 했던 것입니다. 그러나 그가 예수님을 만나고 새 사람이 된 후에는 완전히 딴 사람이 되었습니다. 정말 사려 깊고 진실하며 사랑이 넘치는 사람이 되었습니다.

저는 제 자신만 해도 진정으로 예수님을 만나기 전에는 '신사적'이었다고 말씀드릴 수가 없었습니다. 겉으로 보기에는 지성적인 것 같고 멋을 아는 것 같아 보였을지 몰라도 정말로 남을 배려하며 끝까지 진실하고 신의를 지키는 사람은 아니었습니다. 그러나 예수님이 저를 딴 사람으로 만들어주셨습니다. 그래서 늘 기도할 때마다 '하나님, 저를 죄의 구렁텅이에서 건져주시고 이렇게 귀한 직분까지 주셔서 몸 둘 바를 모르겠습니다'라는 기도를 드리게 됩니다.

그런데 섬은 너무나도 침체가 되어서 사람들은 모두 거짓말쟁이이고 악한 짐승이며 자기 배만 채우는 게으름뱅이들이었습니다. 그런데 침체되고 악한 곳에 복음의 씨가 떨어지게 되었습니다. 그 결과 과거와는 완전히 다른 아주 신사적인 사람들이 만들어지기 시작했습니다. 이 사람들이 바로 그레데 섬의 크리스천들이었던 것입니다. 욕쟁이가 욕을 하지 않고 술주정뱅이가 술을 끊고 툭하면 다른 사람에게 시비를 걸어서 치고 막고 싸우던 사람이 아주 얌전한 새 사람으로 변하는 것입니다.

저는 이것을 이렇게 생각합니다. 사람들이 예수를 믿기 전에는 마귀의 독약을 몇 사발씩 마신 상태가 되었기 때문에 너무나도 속이 괴로워서 난폭하지 않을 수가 없는 것입니다. 사람은 자기 속이 너무 괴로우면 입에서 저절로 욕이 튀어나오고 다른 사람들도 못살게 굴고 자기 자신의 머리털도 뽑고 자기 팔뚝도 물어뜯게 됩니다. 사람이 너무 괴로우니까 도저히 가만히 있을 수가 없는 것입니다. 그래서 난폭하게 되고 공격적이 되고 더 포학하게 되는 것입니다. 그 뿐아니라 거짓말을 하고 게으르며 책임을 지려고 하지 않습니다. 그러다가 예수님을 믿으면 예수님의 피가 우리 안에 있는 독을 다 빼어냅니다. 그리고 성령의 시원한 생수가 들어가면서 속이 그렇게 시원해질 수가 없는 것입니다. 그러니까 다른 사람에 대하여 욕을 하거나 공격적이 될 이유가 없고 내 속에 기쁨이 있으니까 다른 사람에 대해서도 신사적이게 되는 것입니다.

그래서 오늘 말씀에서 가장 중요한 말씀은 5절 하반 절에 있는 것처럼 '중생의 씻음과 성령의 새롭게 하심'입니다. 예수님은 우리의 속사람을 완전히 아름답게 하십니다. 그래서 우리 예수 믿는 사람들은 비열하거나 추하거나 더러운 것과는 완전히 다른 사람이 됩니다. 진실로 신사적인 사람이 되는 것입니다.

그레데의 새 사람.

"너는 저희로 하여금 정사와 권세 잡은 자들에게 복종하며 순종하며 모든 선한 일 행하기를 예비하게 하며"(1절)

사람이 이상한 것은 기독교 신앙이 없을수록 남 밑에 들어가는 것을 싫어하는 것입니다. 어떻게 하든지 남위에 올라가려고 하고 그렇지 않으면 할 수 있는 대로 반항을 하려고 합니다. 그 이유는 기독교 신앙을 가지지 않았을 때에는 사람들에게 야성의 습성이 너무나도 많이 남아 있기 때문입니다.

야성의 습성은 절대로 길들여지는 것을 원치 않습니다. 그래서 누군가가 멍에를 씌우거나 밧줄로 옭아매면 미친 듯이 날뜁니다. 그 이유는 남에게 복종하는 것에 길들여져 있지 않기 때문입니다.

'아웃 오브 아프리카' 라는 영화가 있었습니다. 거기에 보면 마사이족 이야기가 잠깐 나오는데 마사이족들은 미래의 개념을 모른다는 것입니다. 그래서 마사이족은 감옥에 갇히면 미래에 자기가 감옥에서 나온다는 것을 모르기 때문에 거기서 죽어버리는 것입니다. 이것은 굉장히 야성의 습성에 가까운 것입니다.

구약 성경을 보면 하나님께서 아브라함의 아들 이스마엘이 '들나귀' 같을 것이라고 말씀하셨습니다. 들 나귀의 특징은 절대로 길이 들지 않는 것입니다.

사람들은 어렸을 때부터 붙잡아서 공부를 시키고 교육을 시키는 것은 바로 이런 야생동물 같은 습성을 길들이려고 하는 것입니다.

어린아이들을 보면 다른 아이와 맞지 않으면 바로 이빨로 물어뜯으려고 하는 것을 보게 됩니다. 이것은 야성의 습성이 남아있어서 그런 것입니다.

그러나 예수 믿는 사람들은 신앙을 가진 후에 다른 사람에게 순종하는 것을 배우게 됩니다. 이것이 다른 사람들과는 굉장히 다른 점입니다.

우리가 예수를 믿는다고 하는 것은 예수와 함께 옛사람이 십자가에 못 박혀 죽는 것입니다. 물론 우리가 예수를 믿는다고 해서 옛날의 근성이나 기질들이 완전히 없어지는 것은 아니지만 상당한 변화가 일어나는 것은 사실입니다. 그것은 우리 안에 성령의 새로운 성품이 들어오면서 남을 인정하게 되고 또 다른 사람 밑에 있어도 괜찮은 마음이 들게 되는 것입니다.

그 이유는 세상 사람들은 자기 자신을 낮추면 자기가 완전히 그런 사람이 되어버린다고 생각을 합니다. 그래서 할 수 있는 대로 자기를 지키기 위하여 낮아지지 않으려고 하고 다른 사람의 권위에 대하여 반항을 하려고 합니다.

그러나 우리는 이미 하나님 앞에서 우리는 존귀한 사람이 되어버렸기 때문에 조금 낮아진다고 해서 우리가 비천해지거나 낮아지는 것이 아닌 것입니다. 오히려 우리 믿는 사람들에게는 낮아지는 것이 굉장히 좋은 훈련이 됩니다. 왜냐하면 낮아지면 낮아질수록 우리는 겸손해지기 때문입니다.

우리는 믿는다고 하면서도 사실 얼마나 교만한지 좀처럼 겸손해지지 않습니다. 그런데 이 세상에서 나보다 높은 자들이나 권세 있는 자들에게 기꺼이 고개를 숙임으로 내 자신의 겸손이 훈련되게 되는 것입니다.

우리가 알아야 할 것은 신앙이라고 하는 것은 눈에 보이는 것이 아닙니다. 그래서 누군가가 자기가 은혜를 받았다고 떠들어대면 진짜 은혜를 받았는지 아닌지 증명할 길이 없습니다. 이것은 마치 가스가 새고 있는데도 눈에 보이지도 않고 냄새도 나지 않는 것과 같습니다. 그런데 여기서 하나님께서 안전장치를 마련해 놓으셨습니다. 그 안전장치라고 하는 것은 진정으로 은혜를 받은 사람은 겸손해지는 것입니다. 그래서 기꺼이 다른 사람의 권위를 인정하고 거기에 복종을 합니다. 그때 세상 사람들은 놀라게 됩니다.

왜냐하면 하나님의 백성들은 굉장히 높은 자존심을 가지고 있는 사람들이라고 알고 있기 때문입니다. 그런데 기꺼이 이 세상의 권위를 인정하고 거기에 복종할 때 믿지 않는 사람들은 신선한 충격을 받게 되는 것입니다.

세상이 진정으로 필요로 하는 사람은 실력이 있으면서도 겸손한 사람입니다. 세상 사람들은 대개 실력이 있으면 아주 거만합니다. 그러나 진짜 은혜를 받은 사람은 실력이 있고 존귀한데도 기꺼이 다른 사람에게 고개를 숙이고 복종을 하는 것입니다. 이런 사람을 싫어할 사람은 아무도 없습니다.

이렇게 하는 것이 '모든 선한 일을 하는데 예비함이 된다'고 했습니다. 즉 우리 믿는 자들이 세상의 높은 자들에게 좋은 이미지를 주고 인정을 받는다고 해서 나쁠 것이 하나도 없다는 뜻입니다. 왜냐하면 이것이 합력하여 선을 이룰 수도 있기 때문입니다.

우리는 보통 학생들이 교수님에게 대어드는 것이 똑똑한 줄로 생각하지만 사실 학생이 교수님을 잘 인정하고 좋은 이미지를 줄 때 교수님은 장학금을 알선해준다든지 아니면 취직하는데 도와준다든지 혹은 유학을 가는데 추천서를 좋게 써준다든지 해서 나쁠 것이 하나도 없는 것입니다. 직장인이 상사나 사장에게 열심히 순종하고 최선을 다 해서 좋은 이미지를 주면 큰 유익을 얻게됩니다. 이것은 아첨이 아니기에 나쁠 것이 전혀 없는 것입니다. 무엇이든지 좋은 방향으로 도움이 될 수 있는 것입니다.

그래서 2절에 '아무도 훼방하지 말며 다투지 말며 관용하며 범사에 온유함을 모든 사람에게 나타낼 것을 기억하게 하라' 고 했습니다.

즉 이것은 하나님의 백성들의 이미지가 세상에서 아주 중요하다는 뜻입니다. 세상 사람들은 기독교인 한 사람 한 사람을 통해서 기독교 전체를 판단을 하게 됩니다. 그때 믿지 않는 사람들의 입에서 '기독교인들은 아주 성실하게 틀림이 없는 믿을만한 사람이다' 는 평판을 얻게 되면 이것은 결국 다른 사람들을 주님께로 인도하는 징검다리가 되는 것입니다.

그런데 세상 사람들이 기독교인들에 대하여 평하기를 '기독교인들에 대해서는 말도 마라. 전부 게으르고 거짓말쟁이이고 형편없는 엉터리들이다' 라고 평을 한다면 누가 예수를 믿으려고 하겠습니까?

특히 오늘날은 브랜드 시대입니다. 사람들은 브랜드만 보고 가방을 사고 시계를 사고 넥타이나 구두를 삽니다. 그래서 예수 믿는 사람들은 언제나 하나님 나라의 공동체를 생각해야 합니다. 나 한 사람이 바로 '하나님 나라의 얼굴이다' 는 생각을 해야 하는 것입니다.

그래서 우리는 언제나 행동을 조심을 해야 하고 남들이 하는 것처럼 수준이 낮은 짓을 할 수가 없는 것입니다. 그러면 기독교 전체의 이미지가 나빠지기 때문입니다.

저는 요즘 기독교가 더 이상 발전하지 못하고 침체되는 것은 교회에 대한 일반인들의 이미지가 나빠진 것과 관계가 있다고 생각을 합니다. 세상 사람들이 교회에 대하여 좋아하는 것은 단순한 대형화나 집회가 아니라 상큼한 맛입니다. 세상 사람들이 보기에도 너무 싱싱하고 아름답고 존경스러운 모습을 기대하고 있는 것입니다. 교회가 그런 이미지를 주지 못할 때 세상은 더 이상 교회를 존경하지 않게 됩니다.

변화된 새사람.

우리 기독교는 사람을 가장 극적으로 변화시키는 능력을 가지고 있습니다.

> "우리도 전에는 어리석은 자요 순종치 아니한 자요 속은 자요 각색 정욕과 행락에 종노릇한 자요 악독과 투기로 지낸 자요 가증스러운 자요 피차 미워한 자이었으나"(3절)

사도 바울은 여기서 '우리도'라고 말하고 있습니다. 이 '우리도'라는 말은 사도 바울을 포함시킨 모든 훌륭한 믿음의 형제들을 다 말하는 것입니다. 모든 훌륭한 믿음의 종들도 전부 다 예수님을 만나기 전에 형편없는 죄인들이었습니다. 어리석었고 순종치 않았고 마귀에게 속았고 여러 가지 정욕과 쾌락에 종노릇하던 자들이었습니다.

물론 그 중에는 아주 드러내어놓고 타락한 삶을 살다가 극적으로 변화되어서 새 사람 된 경우도 있고 어떤 사람은 원래 착실했는데 예수 믿고 더 착실하게 된 사람도 있을 것입니다. 그러나 사실은 속으로는 극적인 변화를 체험한 자나 그렇지 않은 자나 큰 차이가 없는 것입니다. 왜냐하면 겉으로는 착실하고 얌전한 것 같지만 속으로는 다른 사람들과 다를 바 없이 속으로는 많이 타락한 자들이었기 때문입니다.

그런데 어느 날 우리는 변하게 되었습니다. 그것은 하나님께서 우리 안에 믿음으로 엄청난 일을 행하셨기 때문입니다.

> "우리 구주 하나님의 자비와 사람 사랑하심을 나타내실 때에 우리를 구원하시되 우리의 행한바 의로운 행위로 말미암지 아니하고 오

직 그의 긍휼하심을 좇아 중생의 씻음과 성령의 새롭게 하심으로 하셨나니"(4-5절)

우리가 가끔 아파트 같은데 보면 어떤 큰 회사에서 회사 선전의 차원에서 완전 무료로 가스 시설이나 자동차 시설을 수리해주는 행사를 할 때가 있습니다. 이때 모든 비용은 그 회사 자체 예산으로 하는 것입니다. 이런 기회에는 누구든지 무조건 가서 신청하기만 하면 풀 서비스를 받을 수 있습니다.

복음이라고 하는 것은 완전히 하나님 나라의 캠페인입니다. 즉 전혀 돈을 받지 않고 무료로 모든 인간을 고쳐주는 캠페인인 것입니다. 이것이 바로 우리 구주 하나님의 자비와 인간 사랑을 나타내는 것입니다. 모든 비용은 하나님께서 다 책임을 지십니다.

그런데 하나님께서는 우리의 의로운 행위를 전혀 요구하시지 않으십니다. 즉 우리의 경력과 우리의 열심이나 노력을 조건으로 삼지 않으십니다. 왜냐하면 그것을 따지면 고침 받을 자가 한 명도 없기 때문입니다. 그래서 하나님의 백성이 되는 데는 아무 조건이 없습니다. 무조건 복음을 믿기만 하면 됩니다. 그러면 하나님께서는 어떤 식으로 우리의 고장 난 인생을 고치십니까?

'중생의 씻음과 성령의 새롭게 하심'입니다. 먼저 하나님께서는 예수님의 보혈로 우리 안에 있는 모든 죄의 독소들과 더러운 것들을 다 씻어내십니다.

예수님의 십자가는 완전히 진공청소기입니다. 우리 안에 있는 모든 죄의 독소들을 모두 다 빨아내어서 깨끗하게 다 치워주십니다. 그리고 우리를 그냥 두시는 것이 아니라 우리 안에 하나님의 놀라운 능력을 부어주십니다.

이것이 바로 성령의 새롭게 하심입니다. 우리 안에 완전히 새로운 생각과 새로운 감정과 새로운 능력을 부어주십니다. 즉 우리의 겉모습은 그대로 두고 우리 안에 있는 뇌와 심장과 허파와 피와 모든 것을 예수님의 것으로 갈아치우는 대수술인 것입니다. 이제 우리는 오직 겉모습만 옛날 그 모습을 가지고 있을 뿐이지 속은 완전히 새 사람으로 변화되었습니다.

그래서 다른 사람이 옛날에 우리가 잘못한 것을 가지고 이야기를 하려고 할 때 우리는 이렇게 대답을 하게 됩니다. '아마 당신이 말씀하시는 것은 사실일지 모릅니다. 그러나 그 사람은 오래 전에 십자가 위에서 죽어버렸습니다. 저는 그 사람과 많이 닮기는 했지만 사실 완전히 딴 사람입니다. 옛날 그 사람에 대해서 알고 싶으면 예수님에게 가서 한번 물어 보십시오' 라고 이야기를 하게 될 것입니다.

그러나 우리가 알아야 할 것은 우리 속에 완전히 예수님의 것으로 바뀌어졌다고 하지만 아직 우리는 예수님의 것에 익숙하지 않습니다. 우리는 자꾸 예수님의 심장과 허파와 뇌에 익숙해지도록 훈련을 시켜야 합니다.

이것은 점차적으로 습관까지 바뀌는 것을 통해서 이루어집니다. 그러나 가장 중요한 것은 생각과 감정까지입니다. 우리의 생각이 변화되었다고 해서 우리의 행동이 완전히 바뀌지는 않습니다. 그러나 감정이 바뀌면 이미 행동은 달라지게 되어 있습니다. 그래서 우리는 감정적으로 은혜를 받는 것이 굉장히 중요합니다. 즉 우리가 머리로 믿는 것이 가슴으로 내려와야 합니다.

그래서 하나님은 우리에게 계속 성령을 부어주십니다.

"성령을 우리 구주 예수 그리스도로 말미암아 우리에게 풍성히 부어 주사 우리로 저의 은혜를 힘입어 의롭다 하심을 얻어 영생의 소망을 따라 후사가 되게 하려 하심이라"(6-7절)

우리가 이 세상에서 부패한 사람이 되지 않으려면 계속 성령 충만을 받아야 합니다. 만약 성령이 끊어지게 되면 우리는 신선한 맛을 모두 잃어버리게 될 것입니다. 우리는 또 세상의 죄에 빠져서 허우적거릴 수밖에 없습니다. 그래서 우리와 하나님 사이에는 일체 막히는 것이나 걸리는 것이 없이 항상 성령의 기름이 풍성하게 공급이 되어져야 합니다. 그때 우리는 하나님의 후사가 되어 거룩하게 살 수 있습니다. 더욱이 하나님의 후사가 된다고 하는 것은 하나님의 모든 재산의 상속자가 되는 것입니다. 결국 우리는 예수를 믿음으로 어마어마한 하나님의 축복을 상속받게 됩니다.

분명한 복음의 확신.

우리가 이 세상에서 오직 복음만 붙들고 증거하면 사람들은 너무 독선적이라고 싫어하게 됩니다. 그러나 우리가 그것을 두려워하게 되면 가장 중요한 성령의 기름이 끊어지게 됩니다. 왜냐하면 바른 성령의 역사는 바른 복음의 증거에서 비롯되기 때문입니다. 그래서 우리는 이 세상에서 복음을 부끄러워해서는 안 됩니다.

> "이 말이 미쁘도다. 원컨대 네가 이 여러 것에 대하여 굳세게 말하라. 이는 하나님을 믿는 자들로 하여금 조심하여 선한 일을 힘쓰게 하려 함이라. 이것은 아름다우며 사람들에게 유익하니라"(8절)

하나님의 종들에게 가장 힘든 것이 바로 이것입니다. 이 세상에는 유익한 정보나 지식들이 너무나도 많습니다. 그런데 왜 그런 것들은 다 물리치고 오직 십자가 복음만 붙잡아야 하느냐 하는 것입니다. 그리고 왜 그 많은 축복은 말하지 않고 오직 죄에 대해서만 말하느냐 하는 것입니다. 그런데 놀라운 것은 이것은 유대지도자들이 예수님에게 던진 질문과 똑같은 것이었습니다. 그러나 예수님은 끝까지 성경 진리만 붙들고 십자가에 못 박혀 죽으셨습니다. 그래서 요한 계시록에서는 예수님을 '충성된 증인'(계 1:5)이라고 말씀하고 있습니다. 예수님은 그렇게 진리에 충성하셨기 때문에 우리 인간의 죄를 해결할 수 있었고 성령이 오시게 할 수 있었습니다. 예수님의 종들은 이것에 대하여 굳세게 말을 해야 합니다. 다시 말해서 진리에 있어서 절대로 타협을 하거나 물러서면 안 되는 것입니다. 만약 그렇게 한다면 사람은 기쁘게 할 수 있을지 몰라도 하나님의 능력은 나타나지 않습니다. 그렇게 해서 부흥이 일어난다면 인간의 부흥인 것입니다.

여기에 보면 진리의 적들이 나타나는 것을 볼 수 있습니다.

"그러나 어리석은 변론과 족보 이야기와 분쟁과 율법에 대한 다툼을 피하라. 이것은 무익한 것이요 헛된 것이니라"(9절)

이미 이때 영지주의라는 이단이 많은 활개를 치고 있었던 것 같은데 이 영지주의는 인간의 공상과 신화를 가지고 사람들을 많이 가르치는 것이 특징이었습니다. 그리고 거기에는 성자나 혹은 신들의 족보를 가지고 이것이 대단한 지적인 재산인 것처럼 자랑을 하고 사람들을 믿게 하려고 했습니다.

그러나 사도 바울은 아예 그런 사람들을 상대할 가치조차도 없는 자라고 말씀하고 있습니다. 오직 복음 외에는 하나님의 능력을 가져올 수 없습니다.

"이단에 속한 사람을 한두번 훈계한 후에 멀리 하라. 이러한 사람은 네가 아는 바와 같이 부패하여서 스스로 정죄한 자로서 죄를 짓느니라"(10-11절)

우리는 이단의 영혼까지 책임을 질 수 없습니다. 왜냐하면 이미 이들의 양심은 화인을 맞았기 때문에 아무리 이야기를 해도 그 사단의 도장이 지워지지 않습니다. 정말 그 사단의 불도장이 지워지려면 사단의 지식보다 더 강한 성령의 불로 지져져야 하는데 말씀을 붙들지 않으면 강한 성령의 불이 임하지 않습니다. 그런 이단의 특징을 분석해 보면 결국은 도덕적인 타락으로 스스로 부패하는 것입니다. 그 이유는 성령의 능력이 아니고서는 죄를 이길 수 없기 때문입니다. 결국 성적인 죄나 금전적인 죄로 망하고 마는 것입니다.

결국 복음은 이 세상에 죄로 오염되지 않은 가장 깨끗하고 신선한 신사들을 만들어내는 것입니다. 영국신사가 신사가 아닙니다. 옛날 양반이 진짜 신사가 아닙니다. 중생의 씻음과 성령의 새롭게 함을 받은 자들만이 진정한 신사들인 것입니다.

"또 우리 사람들도 열매 없는 자가 되지 않게 하기 위하여 필요한 것을 예비하는 좋은 일에 힘쓰기를 배우게 하라"(14절)

우리는 최고의 열매가 사람을 바꾸는 것임을 알아야 합니다. 모든 사람들이 다 가장 아름답게 변할 수 있습니다. 우리가 이것을 배워야 하고 이것에 힘써야 진짜 하나님을 기쁘시게 하는 자가 될 수 있습니다. 그 방법은 오직 복음의 진리를 담대하게 붙들고 증거하는 것입니다.

BEAUTIFUL CHURCH LIFE

3부
빌레몬서 강해

01
아름다운 용서
몬 1:1-25

빅톨 위고가 쓴 '레미제라블'이라는 소설을 보면 빵을 훔쳤기 때문에 감옥에서 19년을 보낸 장발장이 석방이 되어서 거리로 나오게 됩니다. 그러나 사회에서는 19년 동안이나 감옥에 있었던 죄수를 받아주는 곳은 아무 곳도 없었습니다. 돈이 있어도 재워주는 여관도 없었고 빵을 파는 가게도 없었습니다. 그 결과 장발장은 쫄쫄 굶게 되었습니다. 도대체 어디에 가야 먹을 것을 구하고 잠을 잘 수 있을까 전전긍긍하고 있는데 누군가가 어떤 사제관을 가르쳐주면서 거기에 가면 신부님이 그를 재워줄 것이라고 알려주었습니다. 장발장이 거기에 가니까 신부님은 그를 따뜻하게 맞이 해주고 먹을 것을 주고 재워주었습니다. 그러나 장발장은 또 도둑의 근성이 나와서 밤에 자다가 그 사제관에 있는 은 접시와 은수저를 훔쳐서 달아났습니다. 장발장은 도망을 치다가 경찰에게 도로 붙들려 왔는데 그는 경찰에게 이 은그릇은 신부님이 준 것이라고 거짓말을 했습니다. 신부님은 경찰에게, 자기가 은 접시와 수저를 주었다고 하면서 은촛대까지 주었는데 이 사람이 가지고 가지 않았다고 하면서 억지로 은촛대까지 주어서 보내었습니다. 여기서 장발장이 감화를 받고 변하여 새 사람이 되게 됩니다.

우리는 어떤 사람과 좋지 않은 관계에서 헤어지게 되면 그 후에는 다시 그 사람을 만나고 싶지도 않고 그 사람에 대해서 생각하기도 싫을 때가 많이 있습니다. 특히 우리는 주님의 일을 한다고 하면서도 대개 미숙한 상태에서 주님의 일을 하기 때문에 자칫 잘못하면 서로 엄청난 상처를 주고받고 헤어질 수가 있습니다. 그러다가 세월이 많이 흐른 후에 어쩔 수 없이 다시 만나게 되면 어떻게 되겠습니까? 아마 처음에는 그 싫은 사람을 만난다는 사실 자체가 너무나도 싫고 할 수만 있으면 얼굴을 마주치고 싶지 않을 것입니다.

그러나 막상 만나고 보면 그 동안 하나님께서 너무 나에게 많은 은혜를 주셨고 너무 나를 많이 성숙하게 하셔서 오히려 그런 만남을 통해서 내가 얼마나 많이 변했는가 하는 것을 깨닫게 될 때가 많이 있습니다.

우리는 선교 단체에서 일하는 분들은 다 너무 성숙한 분이시고 천사 같은 분들이라고 생각하기 쉽지만 실제로는 그렇지 못할 때가 많이 있습니다.

저는 아주 오래 전에 평신도로 있을 때 어느 선교 단체에서 잠시 자원 봉사자로 일을 도왔던 적이 있었습니다. 그때 책임자로 있는 분이 목사님이었는데 저와는 개인적으로도 대화를 많이 나누었습니다. 그런데 그 분은 저에게 자신이 책임을 질 수 없는 그런 성급한 말들을 많이 했습니다. 그 분은 직원들과의 사이에 좋지 않은 일이 있어서 그만두게 되었습니다.

빌레몬서는 감옥에 갇힌 사도 바울이 사랑하는 동역자 빌레몬에게 빌레몬의 집에서 도망을 친 노예 오네시모를 용서해 주라는 사랑의 편지입니다.

사도 바울이 감옥에서 이 편지를 보내었기 때문에 '옥중서신'으로 분류되기도 합니다. 빌레몬은 골로새에 사는 분인데 아마 돈이 많은 사람이었던 것 같습니다. 그래서 집도 크고 노예들도 많이 두고 있었습니다. 그런데 빌레몬의 노예 중에서 오네시모라는 사람이 있었는데 어느 날 이 오네시모가 집주인인 빌레몬의 돈을 훔쳐서 도망을 쳐버렸습니다.

그런데 이 오네시모가 다시 붙들렸습니다. 아마 탈주 노예로 붙들린 것 같지는 않고 다른 죄목으로 붙들린 것 같은데 하필이면 사도 바울이 갇힌 감옥에 들어오게 되었습니다. 그러니까 이제는 도망을 가지도 못하고 꼼짝없이 사도 바울의 가르침을 받아야 했습니다. 그런데 오네시모는 바울의 가르침을 통해 완전히 변해서 진실한 사람이 되었습니다. 그렇지만 사도 바울은 오네시모가 빌레몬의 노예였다는 사실을 알고는 오네시모를 다시 빌레몬에게 보내어서 용서를 받고 다시 오도록 했습니다. 그러나 그냥 보내지 않고 이 사랑의 편지를 적어서 함께 보낸 것입니다.

사랑하는 동역자 빌레몬.

기독교는 무조건 부자라고 해서 적대시하거나 배척하지 않습니다. 빌레몬은 재산이 많은 부자였지만 온 집 식구들이 복음에 헌신된, 아주 믿음이 좋은 사람이었습니다.

> "그리스도 예수를 위하여 갇힌 자 된 바울과 및 형제 디모데는 우리의 사랑을 받는 자요 동역자인 빌레몬과 및 자매 압비아와 및 우리와 함께 군사 된 아킵보와 네 집에 있는 교회에게 편지하노니 하나님 우리 아버지와 주 예수 그리스도로 좇아 은혜와 평강이 너희에게 있을찌어다"(1-3절)

여기에 보면 '네 집에 있는 교회'라고 말씀하고 있습니다. 즉 빌레몬의 집이 교회로 사용되고 있었던 것입니다. 그리고 그 교인들 중에는 빌레몬의 노예들도 있었을 것이며 가족들과 가까운 곳에 있는 성도들이 있었을 것입니다. 여기 '자매 압비아'는 빌레몬의 부인을 말합니다. 그리고 '우리와 함께 군사된 아킵보'는 빌레몬의 아들을 말합니다. 그러니까 빌레몬은 자신의 집과 노예들과 부인과 아들까지 모두 주님을 위해서 열심히 봉사하는 아주 믿음이 좋은 가정이었습니다. 그리고 바울이 빌레몬을 두고 '사랑하는 자요 동역자'라고 말하고 있습니다.

사람이 입으로 선교를 하고 입으로 구제하고 입으로 예배당을 짓는 것은 쉽습니다. 그러나 정작 자기 주머니를 열어서 선교를 하고 구제하는 것은 결코 쉬운 일이 아닙니다.

저는 언젠가 서울 근교에 있는 한 성경 대학원 총장님 취임식에 참가를 한 적이 있었습니다. 그런데 그 대학원은 한 분이 자기 사재를 털어서 세운 학교였습니다. 그리고 그 학교에 총장님도 사재를 털어서 선교할 수 있는 시설을 세우신 분들입니다. 저는 그 분들이 정말 훌륭하다고 생각을 합니다.

우리 사회에는 자기는 아무 것도 하지 않으면서 부자를 욕하고 입으로만 모든 선한 일을 다 하는 사람들을 많이 볼 수 있습니다. 그러나 부자이면서도 '돈을 쓸 줄 아는' 부자는 정말로 귀한 사람인 것입니다.

제가 대학을 다닐 때 아주 훌륭한 기독학생 회관이 있었는데 이것도 어떤 한 부인이 자신의 사재를 털어서 학생들을 위해서 지어 준 것이었습니다.

우리 학생들은 그 시설을 얼마나 잘 사용했는지 모릅니다.

빌레몬에게 오네시모는 너무나도 불쾌한 이름이었습니다. 노예가 주인을 속이고 도망을 친 것도 기분이 나쁜데 돈까지 훔쳐서 달아난 것입니다. 그렇지 않아도 빌레몬은 오네시모를 붙잡기 위해서 경찰서 같은데 신고를 해 놓았을 것입니다. 그런데 이 오네시모가 다른 데로 도망을 친 것이 아니라 사도 바울이 있는 곳에 와 있는 것입니다. 이때 자칫 잘못하면 빌레몬이 오네시모가 자기에게 잘못한 것만 생각하고 오네시모를 잡으러 갈 가능성이 많습니다.

 법적으로 오네시모는 분명히 도망친 노예이고 이 노예에 대한 모든 권리는 오직 빌레몬에게 있습니다. 여기에는 사도 바울도 관여할 수가 없는 것입니다. 만약 빌레몬이 사도 바울이 갇혀 있는 감옥에 가서 오네시모를 찾아가겠다고 말을 하면 아무도 그것에 대하여 아무 말을 할 수가 없는 것입니다.

 그러나 그렇게 되면 사도 바울은 오네시모를 배신하는 것이 됩니다. 즉 도망친 노예를 주인에게 고자질해서 다시 붙들리게 하고 처벌을 받게 했기 때문입니다. 그러나 이때 빌레몬에게 감사한 것은 그래도 오네시모가 사도 바울에게 붙들려 있다는 것입니다. 특히 사도 바울의 감옥 생활이라는 것은 말로 표현할 수 없을 정도로 가혹한 것인데 오네시모가 거기에 붙들려서 바울을 돕고 있다는 것은 얼마나 다행스러운 일인지 모릅니다. 왜냐하면 자기라도 가서 사도 바울을 섬겨드려야 하는데 도망친 자기 노예가 거기에 가서 자기를 대신해서 이 위대한 종을 돕고 있는 것입니다.

 그러니까 사람은 조금만 깊이 생각하면 너무나도 생각이 달라질 수 있습니다. 즉 내 돈을 훔쳐서 도망친 것만 생각하면 당장 가서 잡아와야 하겠지만 반대로 하나님의 오묘한 섭리로 도망을 친 노예가 자기를 대신해서 사도 바울을 섬기고 있는 것을 생각하면 오히려 감사를 해야 할 입장인 것입니다.

우리는 다른 사람의 허물을 생각할 때 할 수 있으면 마음을 바다같이 넓혀서 옹졸한 마음을 먹지 않도록 해야 합니다.

사도 바울은 먼저 빌레몬의 귀한 믿음의 봉사를 인정하고 감사를 합니다.

> "내가 항상 내 하나님께 감사하고 기도할 때에 너를 말함은 주 예수와 및 모든 성도에 대한 네 사랑과 믿음이 있음을 들음이니 이로써 네 믿음의 교제가 우리 가운데 있는 선을 알게 하고 그리스도께 미치도록 역사하느니라"(4-6절)

사도 바울은 아무리 빌레몬이 주안에서 동역자이고 어떤 의미에서는 신앙적인 자신의 제자이지만 함부로 오네시모의 일을 꺼내지 않습니다. 왜냐하면 이것은 빌레몬이나 오네시모에게 아주 아픈 부분이었고 또 예민한 문제였기 때문입니다.

사도 바울은 빌레몬을 위해서 항상 기도하고 있었습니다. 이것 하나만 해도 빌레몬에게는 얼마나 엄청난 재산인지 모릅니다. 사도 바울이 기도할 때마다 빌레몬을 위해서 기도한다는 것은 이것은 백만 대군이 그를 지키고 있는 것과 같은 힘이었습니다. 그리고 사도 바울은 빌레몬의 수고에 대하여 알고 있었고 감사하고 있습니다. 특히 이것은 단순히 사도 바울의 귀에만 미친 것이 아니라 그리스도께도 다 상달하였다고 말씀하고 있습니다. 이것을 보면 빌레몬이 부자이기도 하지만 상당히 신앙이 순수하고 열정적이었던 것을 알 수 있습니다. 그러나 이것과 또 노예 문제는 다른 문제로 생각할 수 있었습니다. 이 당시 노예는 완전히 주인의 개인 재산이었고 다른 사람이 뭐라고 말할 수 있는 성질의 것이 되지 못했습니다.

이것은 우리가 같은 교회 안에서 신앙생활을 한다 하더라도 웬만해서는 개인의 사생활에 대해서는 이래라 저래라 할 수 없는 것과 같습니다. 즉 어떤 교인을 꼭 취직을 시켜 달라고 한다든지 어떤 사람의 중요한 실수를 눈 감아 달라고 하기가 어려운 것입니다.

가장 좋은 것이 사도 바울이 모르는 체하고 계속 오네시모를 데리고 있는 것인데 결국 이것은 사도 바울이 빌레몬을 속이는 것이 되었습니다.

우리 믿는 자들이 이렇게 애매할 때에는 정직한 것이 가장 좋습니다. 즉 사실 그대로 다 이야기를 하고 하나님의 도우심을 간구하는 것입니다.

오네시모의 변화.

사도 바울은 아주 조심스럽게 빌레몬의 마음이 상하지 않도록 조심해서 오네시모의 이야기를 꺼내고 있습니다.

> "이러므로 내가 그리스도 안에서 많은 담력을 가지고 네게 마땅한 일로 명할 수 있으나 사랑을 인하여 도리어 간구하노니 나이 많은 나 바울은 지금 또 예수 그리스도를 위하여 갇힌 자 되어 갇힌 중에서 낳은 아들 오네시모를 위하여 네게 간구하노라"(8-10절)

사도 바울은 바로 '오네시모를 용서해줘!' 라고 말을 하지 못하고 엄청나게 뜸을 들이고 있습니다. 이것은 오네시모의 죄가 결코 간단한 것이 아님을 알 수 있습니다. 오네시모의 이야기를 자칫 잘못하면 지금까지 좋았던 바울과 빌레몬과의 관계가 금이 가게 할 수도 있는 문제였습니다.

사도 바울은 할 수 있는 대로 빌레몬에게 오네시모의 사정을 자세하게 알려주어서 이해를 구합니다.

우선 빌레몬은 왜 바울이 이제서야 자기에게 이런 편지를 보내는지 불쾌할 수 있습니다. 오네시모가 바울의 감옥에 갇혔다면 상당한 기간이 걸렸을 텐데 왜 지금까지 가만히 있다가 이제와서 이 사실을 알리느냐 하는 것입니다.

그래서 사도 바울은 자신의 사정을 잘 설명을 하고 있습니다.

즉 자기가 감옥에 갇혀 있었기 때문에 이런 문제에 다 신경을 쓸 수가 없었고 또 오네시모도 변화되고 있는 중에 있었기 때문에 시간이 필요했던 것입니다.

그런데 가장 중요한 것은 역시 복음이 가지는 능력이었습니다.

어떻게 보면 오네시모는 참으로 변하기 어려운 사람이었습니다. 즉 자기 집이 교회였고 주인이 그렇게 복음에 열성이 있었는데도 오네시모는 전혀 신앙이 들어가지 않았습니다. 그러다가 바울이 있는 감옥에 와서야 신앙이 들어가기 시작했습니다. 그래서 우리는 어떤 사람이라도 완전히 변하지 않는다라고 단정을 해서는 안 됩니다. 누구든지 말씀의 씨가 들어가면 시간이 지나서 온도와 습도가 맞으면 싹이 나오게 되는 것입니다.

그래서 예수님께서는 가라지 비유에서 가라지를 뽑지 말라고 말씀하셨습니다. 왜냐하면 가라지처럼 보이는 알곡도 많이 있기 때문입니다. 그래서 우리는 어떤 사람이든지 변할 수 있다는 가능성을 가지고 대해야 합니다.

오네시모는 사도 바울이 감옥에서 낳은 아들이었습니다. 그렇게 반질반질 하고 변하지 않더니 이상하게 믿음이 한번 들어가고 나니까 사람이 아주 진실해지면서 너무너무 착한 사람이 되어버렸습니다.

바로 이것이 말씀이 가지는 위력입니다. 하나님의 말씀은 능력이 있어 늑대가 양이 되게 합니다. 오네시모는 맹수였다가 한 마리 양으로 변한 것입니다.

"저가 전에는 네게 무익하였으나 이제는 나와 네게 유익하므로"(11절)

원래 '오네시모' 라는 이름이 '유익하다' 는 뜻입니다. 그러나 오네시모가 변화되기 전에는 전혀 이름값을 하지 못하고 있었습니다. 그런데 이제는 정말 오네시모가 된 것입니다.

그런데 사도 바울은 이 오네시모를 빌레몬에게로 돌려보냅니다.

"네게 저를 돌려보내노니 저는 내 심복이라"(12절)

오네시모가 가장 하기 싫은 것이 있다면 옛 주인에게로 돌아가는 것입니다. 그리고 오네시모는 사도 바울의 심복이기 때문에 없어서는 안 되는 존재였습니다. 그러나 바울은 자기가 아무리 친한 빌레몬이라 하더라도 그의 노예를 붙들고 있는 것은 옳지 않다고 판단을 하였습니다. 사실 바울에게 오네시모가 필요하지만 오네시모를 설득을 해서 보냈습니다. 그 이유는 사도 바울이 무엇을 하나 하더라도 바르게 하기를 원했기 때문입니다.

우리에게 있어서 가장 축복된 것은 아무 쓸모없는 사람들이 하나님의 말씀을 듣고 쓸모 있는 자로 변하는 것입니다. 어떤 사람은 교회에서 전혀 쓸모가 없고 사고만 일으키는 사람이 있습니다.

그러나 그 사람도 은혜 받아서 변하면 아주 유익한 사람이 됩니다.

사도 바울은 자신의 갈등을 솔직하게 이야기를 하고 있습니다.

"저를 내게 머물러 두어 내 복음을 위하여 갇힌 중에서 네 대신 나를 섬기게 하고자 하나 다만 네 승낙이 없이는 내가 아무 것도 하기를 원치 아니하노니 이는 너의 선한 일이 억지 같이 되지 아니하고 자의로 되게 하려 함이로라"(13-14절)

    지금 오네시모는 완전히 변해서 새 사람이 되었습니다. 그래서 감옥에 있는 바울을 너무나도 잘 돕고 있었습니다. 그러나 이렇게 되면 빌레몬을 속이는 것이 되고 나중에 빌레몬이 승인을 한다고 하더라도 이것은 억지 순종 밖에 되지 않는 것입니다. 빌레몬은 이렇게 존경하는 사도가 자기에게 도망친 노예 이야기를 알면서도 말 하지 않았다면 아마 불신으로 남을 수도 있었을 것입니다. 그래서 바울은 쉽게 빌레몬에게 편지를 보내서 '내가 오네시모를 데리고 있으니 이해를 바란다' 라고 할 수도 있는데 그렇게 하지 않고 일부러 오네시모를 빌레몬의 집에 가서 용서를 받게 하고 다시 로마로 오게 하는 것입니다. 사도 바울은 왜 이렇게 복잡하고 귀찮게 일을 할까요? 이만큼 사람의 마음이라는 것은 쉽게 풀기 어렵기 때문입니다. 그리고 사도 바울이 쉽게 해결하려고 했다면 언제나 빌레몬의 마음속에 오네시모에 대한 나쁜 감정이 남아 있을 것입니다. 그러면 완전한 용서가 되지 못하는 것입니다.

    나중에 사도 바울이 죽은 후에 사도 바울의 서신을 다 모아서 편집을 한 사람이 있습니다. 그 사람의 이름이 오네시모입니다.

사랑의 변제.

사도 바울은 빌레몬이 돈이 많은 부자이니까 무조건 오네시모를 용서하라고 말하지 않습니다. 사도 바울은 오네시모가 빌레몬에게 끼친 경제적인 손해를 자기가 책임지겠다고 약속을 하고 있습니다.

> "저가 만일 네게 불의를 하였거나 네게 진 것이 있거든 이것을 내게로 회계하라. 나 바울이 친필로 쓰노니 내가 갚으려니와 너는 이 외에 네 자신으로 내게 빚진 것을 내가 말하지 아니하노라"(18-19절)

사도 바울은 빌레몬이 훔치고 간 돈이나 다른 손해를 자기가 책임을 지겠다고 약속을 합니다. 그리고 여기에 자기 친필로 씁니다. 옛날에는 친필로 쓰면 영수증과 같은 역할을 했습니다.

사도 바울은 다른 사람에게 억지로 선행을 하라고 강요를 하지 않습니다. 그는 자기가 오네시모를 낳았기 때문에 오네시모의 빚은 자기가 책임을 지겠다고 약속을 했습니다.

그러면 여기서 바울이 빌레몬에게 원하는 것이 무엇입니까?

세 가지로 생각할 수 있습니다. 첫 번째는 미운 감정으로 오네시모를 대하지 말아달라는 것입니다. 오네시모가 빌레몬에게 손해를 끼치고 달아났을 때에는 아직 그는 거듭나기 전이었습니다. 그러나 이제 그가 변하여 새 사람 되었다는 것은 다른 크리스천도

인정을 해야 하는 것입니다.

그리고 두 번째는 오네시모에게 탈주 노예의 형벌을 가하지 말아달라는 것입니다. 오네시모가 가장 두려워하는 것이 바로 이것이었습니다. 옛날 주인들은 도망친 노예는 절대로 용서를 하지 않았습니다. 그리고 그 돈은 바울이 책임을 지겠다는 것입니다. 그리고 세 번째는 그를 아예 해방시켜서 자기에게로 보내어 달라는 것입니다.

"이 후로는 종과 같이 아니하고 종에서 뛰어나 곧 사랑 받는 형제로 둘 자라 내게 특별히 그러하거든 하물며 육신과 주 안에서 상관된 네게랴"(16절)

사도 바울은 오네시모가 변하여 새 사람 된 후에 이 사람 안에 아주 훌륭한 자질이 있는 것을 알게 되었습니다. 그래서 가능하면 이 사람의 좋은 자질을 살리고 싶다고 말을 하고 있습니다.

우리는 여기서 사람들이 화해하는 과정을 볼 수 있습니다. 역시 우리를 화해하게 하는 가장 큰 것은 하나님의 사랑이고 은혜입니다. 우리가 다른 사람에게 상처를 입고 손해를 입었다 하더라도 하나님은 수백 배의 복을 부어주셔서 우리를 훨씬 더 성숙하게 하시고 더 높아지게 하셔서 옛날의 손해에 구애당하지 않게 하십니다. 그럼에도 불구하고 쉽게 없어지지 않는 것이 옛날의 감정입니다. 우리는 너무나도 쉽게 과거의 비참했던 시절로 돌아가 버립니다. 이것을 막기 위해서 우리에게 새로운 말씀이 필요합니다. 우리가 마음만 조금 열어버리면 결국 옛날 감정은 아무 것도 아닌 것입니다.

그리고 나서는 새로운 자질을 발견하고 훨씬 더 훌륭한 사람으로 키우게 됩니다. 우리는 새로 거듭난 후에 진짜 자질이 발견될 때가 많습니다. 즉 우리의 새로운 인생을 사는 것입니다.

우리는 여기서 몇 가지 사실을 보게 됩니다.

역시 가장 중요한 것은 오네시모도 말씀으로 변할 수 있었다는 것입니다. 오네시모가 변했다면 변하지 않을 사람이 없을 것입니다. 왜냐하면 바울 자신도 변한 사람이었기 때문입니다.

그리고 또 하나는 사도 바울은 아무리 좋은 일이라 하더라도 다른 사람 모르게나 혹은 손해를 입히면서 하기를 원하지 않았습니다. 사도 바울은 오네시모가 빌레몬의 용서를 받고 진정으로 거리낌 없이 자기를 도와주기를 바랬습니다. 그러면서 바울은 돈 손해 입힌 것은 자기가 책임을 진다고 분명히 약속을 했습니다. 그리고 바울의 이 사랑에 힘을 입어서 오네시모는 아주 중요한 바울의 동역자로 거듭나서 역사에도 이름이 남는 사람이 되게 됩니다.

교회 생활을 오래 하다보면 묵은 감정을 품고 있는 교인들이 계십니다. 어떤 분은 같은 교회 다니지만 서로 말도 하지 않고 지냅니다. 그러나 마음이 길릴 때가 있습니다. 그때는 성찬식을 할 때입니다. 교인들이 성찬식을 하면서 오래된 묵은 감정들을 풀어버릴 때가 많습니다. 그것은 자신을 위해서도 너무나도 아름다운 것입니다. 또 고부간의 갈등이나 부부사이의 미움의 감정이나 형제들 사이의 원한도 다 풀어버려야 합니다. 왜냐하면 그 후에 우리는 엄청나게 변해버렸기 때문입니다. 우리는 더 이상 과거의 상처나 아픔에 매여 있을 필요가 없습니다.